CULTOS AFRO-PARAIBANOS
JUREMA, UMBANDA E CANDOMBLÉ

VALDIR LIMA

PREFÁCIO
CARLOS ANDRÉ M. CAVALCANTI

RIO DE JANEIRO | 2020

Copyright © Valdir Lima, 2019
Direitos de publicação © Editora Aruanda, 2020

Direitos reservados e protegidos pela lei 9.610/1998.

Todos os direitos desta edição reservados a
Fundamentos de Axé Editora
um selo da EDITORA ARUANDA EIRELI.

2ª reimpressão, 2023

Coordenação Editorial Aline Martins
Edição Andréa Vidal
Revisão Editora Aruanda
Projeto e diagramação Sem Serifa
Capa Vivian Campelo (@lomblinhas)
Impressão Gráfica Eskenazi

Texto de acordo com as normas do Novo
Acordo Ortográfico da Língua Portuguesa
(Decreto Legislativo nº 54, de 1995)

Dados Internacionais de Catalogação na
Publicação (CIP) de acordo com ISBD
Bibliotecário Vagner Rodolfo da Silva CRB-8/9410

L732c   Lima, Valdir
          Cultos afro-paraibanos: Jurema, Umbanda
e Candomblé / Valdir Lima. – Rio de
Janeiro, RJ: Fundamentos de Axé, 2020.
          192 p.: 15,6 cm x 22,8 cm.

          Inclui bibliografia e apêndice.
          ISBN 978-65-80506-10-1

          1. Religiões africanas. 2. Não-ficção religiosa.
3. Ciência das Religiões. 4. Umbanda.
5. Jurema. 6. Candomblé. 7. Paraíba I. Título.

                               CDD 299.6
2020-423   CDD 299.6

[2023]
IMPRESSO NO BRASIL
http://editoraaruanda.com.br
contato@editoraaruanda.com.br

A Mãe Rita Preta, Mãe Renilda,
Pai Carlos e Mãe Verônica Lourenço.

"No Candomblé não existe demônio.
O diabo não tem poder para nada.
Nossa religião é belíssima, você vai sozinho,
não é levado pelas palavras.
Orixá não vai ao encontro de ninguém,
nós é que vamos ao encontro dele."

— Pai Erivaldo de Oxum —

AGRADECIMENTOS

Aos orixás e aos encantados da Jurema Sagrada pelos conselhos, sinais positivos e caminhos proporcionados que me serviram de norte durante o processo de elaboração deste trabalho.

Ao meu pai Antonio Lourenço (*in memoriam*), à minha mãe Maria Cecília, aos meus irmãos e sobrinhos.

À Jacinta de Fátima, que me apresentou ao Pai Assis de Oyá, que me ajudou a ver a Umbanda de forma positiva.

Ao Pai Cláudio e à Mãe Expedita.

Aos meus mestres e mestras da academia: ao Dr. Carlos André, por me acompanhar desde a graduação e ser meu espelho profissional; à Dra. Martha Falcão; à Dra. Regina Célia; à Dra. Regina Behar; ao Dr. Antonio Novais, por ter me orientado e ajudado com todo apreço e dedicação; ao Dr. Severino Celestino, por me aceitar como orientando.

A Héliton Santana (*in memoriam*), Fátima Pereira, Mãe Anália, Mãe Marinalva, Mãe Lúcia Omideyn, Mãe Dorioman, Mãe Laura (*in memoriam*), Pai Erivaldo, Pai Osias, Pai Beto, Wolf Ramos e Ana Júlia, pela colaboração no trabalho.

A Cleyton Ferrer, pela ajuda e apoio.

A Grícia Guedes, Anália Alves (*in memoriam*), Josinaldo Pereira, Neves Vasconcelos, Terezinha América (*in memoriam*) e Márcia Janaína, pelo incentivo a participar do processo seletivo do mestrado, cujo desenvolvimento deu origem a este livro.

A Aline Martins e à Editora Aruanda, por acreditarem em mim.

SUMÁRIO

Agradecimentos 7

Prefácio: Um intelectual de ação no mundo afro 11

Apresentação 15

PARTE I – EXPOSIÇÃO DO MÉTODO: HISTÓRIAS DE VIDA

1. A história oral 23

2. As entrevistas 29

3. A palavra nas perspectivas africana e afro-brasileira 31

4. Descrição etnográfica nas religiões afro-brasileiras 34

5. Fotografia, iconografia e o registro de
ritos religiosos afro-brasileiros 37

PARTE II – AS RELIGIÕES AFRO-BRASILEIRAS NA PARAÍBA

1. A Jurema Sagrada 43
   1.1   Mãe Rita Preta e a Jurema Preta 54

2. Umbanda, uma religião nacional (1908-2010) 61
   2.1   Nascimento da Umbanda 62
   2.2   A liturgia umbandista 77

2.3　A Umbanda paraibana (1966-2010) 83

2.4　A estrutura umbandista e a presença de Exu 90

3. Candomblé, uma religião brasileira 105

3.1　O Candomblé paraibano 127

PARTE III – AS FEDERAÇÕES DOS CULTOS AFRO--BRASILEIROS E AMERÍNDIOS PARAIBANOS

1. A organização do terreiro e a atuação das sacerdotisàs
e dos sacerdotes nos espaços de discussão 141

Considerações finais 167

Referências bibliográficas 171

Apêndice 177

Descrição litúrgica do culto da Jurema Batida (Jurema Preta) 177

Descrição litúrgica do culto da Jurema de Chão (Jurema Preta) 183

Descrição litúrgica do culto Mesa Branca (Jurema Branca) 188

PREFÁCIO. UM INTELECTUAL DE AÇÃO NO MUNDO AFRO

Por Carlos André M. Cavalcanti[1]

"Depois de décadas de primazia da ideia de democracia racial, ganha força a percepção de que há uma grave situação a ser enfrentada."

— Joel Rufino —

"Não é possível pensar no Candomblé, Umbanda e Jurema sem relatar toda essa gama de riquezas trazidas do continente africano."

— Valdir Lima —

Valdir Lima é um intelectual de ação. Há uma tradição brasileira nisso. Ele buscou segui-la. Mas ele é muito mais que isso. Para o mundo rico e sedutor das religiões africanas, Valdir Lima é um convite ao diálogo e à concórdia. Sua rica história de vida, desprovida de preconceitos, o fez conhecer os vários "mundos afros" que existem no Brasil. O papel deste livro é muito maior que o da publicação da pesquisa universitária de meu ex-orientando

---

[1] Prof. Dr. Associado da UFPB nas áreas de Ciências e História das Religiões. Líder dos grupos *Videlicet Religiões* (Diversidade Religiosa e Imaginário) e *Officium* (Inquisições e História das Religiões) na UFPB. Pós-Doutorando em Ciências da Religião pela PUC-GO. Ex-membro fundador do Comitê Nacional da Diversidade Religiosa da SDH/Presidência da República. É também um dos fundadores da área de Ciências das Religiões na UFPB.

em Ciências das Religiões e em História. Este livro constrói elos, aponta confluências, busca convergências e intersecções. Nele, o historiador e cientista das religiões Valdir Lima busca aproximar aqueles que antes pareciam diferentes, mas que são iguais em um ponto crucial: a luta contra o racismo e sua episteme maldita que marcou profundamente a mentalidade brasileira.

Neste prefácio despretensioso, destaco, antes, a riqueza acadêmica. O autor passeia com facilidade pela História, pela Antropologia e pela Sociologia. Fez um trabalho multidisciplinar na fronteira da transdisciplinaridade, escolhendo um dos mais instigantes métodos de pesquisa que conheço: a história oral. Aliás, desenvolve com intimidade as técnicas do método e demonstra a necessária flexibilidade diante do entrevistado.

Em *Cultos afro-paraibanos*, o autor filia-se a uma literatura científica antirracista que vem firmando no Brasil uma nova autoimagem. Ele busca, de maneira refinada, aproximar as diversas tradições das religiões africanas no país, que costumam ser reconhecidas como divergentes entre si. Valdir Lima não toma conhecimento de possíveis interdições nem foge ao debate; ele aponta as confluências.

Este livro é um presente para os movimentos sociais em um momento histórico no qual as lideranças negras e seus aliados, acostumados às senzalas pós-modernas que submetem o povo negro ao anonimato social e à invisibilidade pública desde que o primeiro navio negreiro aportou em nosso país, começam a ocupar espaços antes exclusivos dos brancos herdeiros do sistema colonial escravocrata.

Classifico este trabalho dentro de uma tradição literária científica que, ousadamente, chamarei de Nova História do Racismo. A obra de Valdir Lima é uma subversão pacífica a um *status quo* mental que colocou o negro, sua religião e seu papel social como se fossem inferiores e serviçais — um *apartheid* à brasileira, discreto, silencioso, cínico, ambíguo, mas contundente. Como líder da Diversidade Religiosa, ele é capaz de costurar a unidade das diversas tendências das casas de fé afro-brasileiras e afro-ameríndias para lutar contra o inimigo comum: um racismo cínico, travestido de alienação providencial e confortável. Portanto, estudar as religiões africanas é ato de cidadania e direitos humanos em sua versão mais atual.

Os brasileiros que escrevem esta Nova História do Racismo estão implantando no Brasil a luta antirracista nascida no final de 1945, quando o nazifascismo foi finalmente derrotado e os campos de concentração vieram a público, desmoralizando o até então razoavelmente aceito discurso "científico" da superioridade racial. A história (no sentido de passado histórico) precisa ser vista com o olhar refinado das novas — nem tão novas, mas muito atuais — correntes no entorno da Nova História (a ciência que busca entender o passado).

Ademais, é preciso ressalvar o conceito antropológico transdisciplinar de mito em sua indiscutível dignidade acadêmica, inspirador de trabalhos consagrados de valor inegável, para podermos denunciar as falsas mitologizações que se constroem em torno de figuras e de fases da História do Brasil. Uma das falsas mitologizações a serem combatidas é a da democracia racial, que vem sendo desconstruída pouco a pouco. Este combate está na própria constatação de que o racismo foi aceito, aqui e em todo o mundo ocidental, como algo científico e correto e que apenas com a chegada das tropas aliadas aos campos de concentração é que se consolidou o lento processo de superação dessas proposituras racistas no conhecimento e na política.

A rigor, sob o racismo esconde-se um dos maiores males da história humana, núcleo das divisões primitivas entre os homens: a noção norteadora do imaginário negativo da recusa do outro como um ser monstrificado e monstrificador, essência instauradora da barbárie e do próprio desconhecimento do outro como ser humano, elencado aqui pela tradição do pensamento iluminista. Em contraposição, os Direitos Humanos buscam o seu próprio imaginário, prometeico e diairético, libertador do homem, herdeiro da crítica imemorial ao poder.

Após 1945, porém, divide-se o tal imaginário em duas vertentes políticas: dos Estados Unidos emana a liderança de um bloco que vê no indivíduo o centro das liberdades; enquanto que da União Soviética vem a corrente política que se agrega aos direitos mais avançados para a época, centrados nas relações sociais de dominação no mundo do trabalho e das exclusões sociais. Todo o contexto posterior até a queda do Muro de Berlim esteve pautado por esta conjuntura política. Acuado pelo avanço inesperado de uma força política que, pela primeira vez, o afrontou de forma eficiente em sua vocação para a exploração do homem pelo homem, o capitalismo liberal e sua institucionalidade política foram obrigados a negociar.

Ao debruçar-se sobre a Jurema, a Umbanda e o Candomblé, Valdir Lima agrega a uma forte tradição crítica antirracista ocidental um trabalho para combater o racismo em um de seus últimos bastiões de força: o Brasil.

> "Jurema, minha Jurema
> Jurema, Jurema minha
> Jurema Preta, a Senhora é rainha
> Mas a chave dela é minha."

Neste livro, ele traz o conhecimento do imaginário das religiões, do valor das vivências, dos mistérios sob o manto a serem respeitados pelo cientista para a luta contra o racismo, a fim de enriquecê-la. Nosso grupo de pesquisas, *Videlicet Religiões*, percebe este mistério já no nome. Valdir recebeu esta formação. "Videlicet" significa "aquilo que se pode ver", ou seja, há coisas que eu não consigo ver, há mistérios cosmogônicos nas religiões. Os Direitos Humanos só são plenamente respeitadores da diversidade religiosa se e quando respeitam — sem nenhuma necessidade de convencimento ou conversão — a existência deste campo do inaudito, do imaginário profundo que une "todas as gentes".

O autor passeia sem dificuldades pela iconografia, pelas histórias, pelos ritos, pelos símbolos e pelas personagens das diversas tradições afro-brasileiras e afro-ameríndias, dando voz não só ao negro, mas também ao índio, mostrando sua contribuição e presença.

A história pessoal, a filiação historiográfica inovadora, as qualidades como militante e como intelectual de Valdir Lima, somadas à qualidade do texto e ao fato de que ele é um buscador de confluências, tornam este livro um marco para leitores e pesquisadores, bem como para aqueles comprometidos com a diversidade religiosa.

Que o exemplo de Valdir leve ao encontro das entidades que representam os terreiros com os movimentos negro e indígena. O inimigo racista está à espreita e treme de medo só em pensar no dia em que seremos capazes de marchar unidos. Valdir está mostrando o caminho.

APRESENTAÇÃO

Minha primeira lembrança que se refere à cultura do povo negro foi aproximadamente aos seis anos de idade, quando assisti à *A Escrava Isaura*.[1] A música de abertura,[2] cantada por Dorival Caymmi, me chamava a atenção devido aos instrumentos percussivos — eu logo começava a dançar em frente à televisão quando se iniciava a melodia. Meus pais e meus irmãos sempre achavam engraçado.

Acompanhei cada capítulo, sensibilizando-me com os castigos acometidos aos escravos. Perguntava à minha mãe o porquê de tanto sofrimento. E a pergunta que não calou me acompanhou, virando mais tarde um objeto de pesquisa.

Em 1988, o grupo Teatro Luta e Libertação (TELL), de Santa Rita, montou o espetáculo *Axé-Resistência Negra*, em comemoração ao Centenário da Abolição da Escravatura. Minha irmã mais velha fazia parte do grupo e eu podia assistir aos ensaios. Passei a ouvir nomes de orixás, como Oxalá, Xangô, Iemanjá, Iansã e outros. Nada me soava pejorativo. Também conheci músicas, referentes à temática, de artistas como Milton Nascimento, João Bosco, Paulo César Pinheiro, em especial na voz da cantora Clara Nunes.

Certo dia, fui à feira com minha mãe e vi, expostos numa parede, vários discos de vinil. O que me chamou mais a atenção foi o LP *Nação*, de

---

[1] Novela adaptada do romance de Bernardo Guimarães por
Gilberto Braga e exibida pela Rede Globo em 1976.

[2] "Vida de negro é difícil / é difícil como o quê / Vida de negro é difícil / é
difícil como o quê / Eu quero morrer de noite / na tocaia me matar/ Eu quero
morrer de açoite / se tu negra me deixar". Retirantes (Vida de negro). In:
Caymmi em família. Faixa 14. Rio de Janeiro: Som Livre, 1994. (CD)

Clara Nunes. A iconografia da capa era um trabalho belíssimo de Elifas Andreato, delineando o perfil da artista. Voltei para casa ansioso para arrecadar fundos e logo retornei à feira para fazer minha primeira aquisição material. Mais tarde, comprei toda a coleção de Clara. Aí começou minha busca pelo cancioneiro popular que retratava o universo dos encantados, dos orixás. Depois, vieram Gal Costa, Maria Bethânia, Simone, Clementina de Jesus, Gilberto Gil, Caetano Veloso, Vinicius de Moraes, entre outros.

Por tradição, em minha família — tanto na materna quanto na paterna — há uma homogeneidade religiosa: todos professam ou se assumem católicos. Em 1968, meus pais vieram do interior do estado para a cidade de Santa Rita, onde eu e meus irmãos nascemos. Tivemos uma formação religiosa engajada, ora com movimentos de adolescentes e crianças, ora com a Pastoral da Juventude e o Movimento de Teatro Popular.

O pároco de Santa Rita, Padre Paulo Koellen (*in memoriam*), com quem fizemos os sacramentos religiosos, muito nos estimulou para uma vivência em busca de uma sociedade mais justa e igualitária, reflexo de seu perfil de militante e de seguidor da Teologia da Libertação.

Em 1991, minha diretora teatral, Jacinta de Fátima, levou-me para jogar búzios com um pai de santo da Umbanda, Pai Assis de Oyá. Foi a minha porta de entrada para as religiões afro-brasileiras. Os dois participavam do Movimento Negro e do Disque Racismo. São pessoas muito importantes para mim.

Em 1992, montei, junto ao grupo de teatro Popular 100 Nome, o espetáculo teatral *Realidades*, que falava sobre o culto da Umbanda na Paraíba. O trabalho foi resultado de uma longa pesquisa e de uma série de visitas do grupo aos terreiros de Umbanda e Jurema de Santa Rita. Instigava-me o fato de esses grupos religiosos serem compostos, em sua grande maioria, de negras e negros, todos empobrecidos, além de haver um grande fluxo de homossexuais e travestis com uma espontaneidade incomum em outras religiões. O uso de cigarro, cachimbo e o consumo de bebidas alcoólicas nas giras de Jurema e em festas de pombagira apareciam para mim de forma negativa. De certo modo, isso retardou uma aproximação maior com essas religiões.

No ano de 2000, em meu trabalho monográfico de conclusão do curso de História, pela UFPB, escrevi a história do bairro popular de Santa Rita. Na ocasião, pude entrevistar a sra. Rita Maria da Conceição, conhecida como Mãe Rita Preta, moradora do bairro de Santa Cruz desde 1940. Mãe Rita é ialorixá do *Templo de Umbanda Caboclo José de Andrade* e foi iniciada na Jurema em 1945, estando hoje com 92 anos de idade, sendo 75 dedicados ao sacerdócio. Na década de 1960, ela participou ativamente, ao lado de Carlos Leal Rodrigues (*in memoriam*) e Cícero Tomé, de um movimento em prol da construção da primeira federação dos cultos afros na Paraíba. Fez parte, ainda, do movimento em favor da liberação dos cultos afro-brasileiros na Paraíba, o que aconteceu no ano de 1966 durante o governo de João Agripino.

Entre 2004 e 2009, comecei a participar gradativamente da comunidade religiosa de Mãe Rita Preta, a princípio pelo fascínio que ela exercia sobre mim, mais tarde por minha forte identificação com aquela religião[3] tão marginalizada. Nos primeiros anos, eu apenas assistia aos cultos, cantava e contribuía para a realização das festas religiosas. Depois, passei a oferecer comida aos orixás e às entidades da Jurema, sob orientação da mãe de santo. Por fim, comecei a "girar", a fazer parte do ritual litúrgico de forma integral, sem culpa nem amarras.

Em 2007, a ONG Encumbe,[4] da qual sou sócio-fundador, produziu o documentário *Santa Rita Preta*,[5] que conta a trajetória pessoal e religiosa de Mãe Rita Preta. Tivemos a oportunidade de participar competitivamente de um festival de vídeos do Serviço Social do Comércio[6] (SESC), levando Mãe Rita a uma exibição de cinema pela primeira vez e — o que é melhor — para assistir a si mesma e ser homenageada perante o público.

---

3   "O termo *religião* é, de modo quase geral, relacionado com o verbo latino *religere*: cumprimento consciencioso do dever; respeito a poderes superiores; profunda reflexão. O substantivo *religio*, relacionado com o verbo, refere-se ao objeto dessa preocupação interior quanto ao objeto da atividade a ela relacionada. Outro verbo latino posterior é citado como fonte do termo *religare*, que implica um relacionamento íntimo e duradouro com o sobrenatural." BIRBAUM. Religião. In: *Dicionário de Ciências Sociais*. Rio de Janeiro: FGV, 1987.

4   Entidade localizada em Santa Rita, Paraíba, que luta por políticas públicas para fomentar a cultura no município

5   YouTube. Disponível em: https://www.youtube.com/watch?v=Goug8oxxpgY>. Acesso em: 18 ago. 2019.

6   11 Jampa Vídeo Festival, promovido pelo SESC Paraíba, que aconteceu em João Pessoa entre os dias 29 e 31 de agosto de 2007.

• • •

Este livro divide-se em três partes: a primeira, de caráter teórico, trabalha o conteúdo segundo a perspectiva de uma narrativa oral com a metodologia de histórias de vida.

A segunda parte aborda a origem da Jurema, da Umbanda e do Candomblé na Paraíba, com um recorte cronológico de 1940 a 2010 — assinalada pelo surgimento da Jurema e o marco da liberação dos cultos afro-brasileiros no estado —, e de 2010 até os dias atuais. Neste trecho, também se analisa o processo de construção da Umbanda, a abertura dos primeiros terreiros, sua origem, caracterização e sua identidade no estado paraibano. Além disso, foi feita, por meio de entrevistas, uma contextualização histórica da Jurema e dos primeiros juremeiros que se estabeleceram na Paraíba, enfocando os rituais sagrados nos anos que antecederam 1966.

Este livro apresenta, ainda, evidências de que, ao contrário do Candomblé, que resistiu às práticas de casas tradicionais em Salvador, a Umbanda conserva como principal característica o traço sincrético de uma religião com alicerces cristãos-espíritas e fetichistas-africanos.

> A Umbanda aparece, pois como uma solução original; ela vem tecer um liame de continuidade entre as práticas mágicas populares à dominância negra e a ideologia espírita. Sua originalidade consiste em reinterpretar os valores tradicionais, segundo o novo código fornecido pela sociedade urbana e industrial. (ORTIZ,1978, p.44)

Queremos destacar aqui o uso recorrente dos termos "sincretismo", presente na obra de Waldemar Valente (1976) e "hibridismo", usado por Zilá Bernd (2004). Trata-se de termos diferentes, mas que fazem parte do contexto religioso afro-brasileiro.

> O sincretismo se caracteriza fundamentalmente por uma intermistura de elementos culturais. Uma íntima interfusão, uma verdadeira simbiose, em alguns casos, entre os componentes das culturas que se põem em contato. (VALENTE, 1976, p. 11)

Assim, o Candomblé, ao contrário do que pensam muitas pessoas, não é uma religião africana, mas uma religião de matriz africana ressignificada e hibridizada[7] em solo brasileiro, assim como o culto da Jurema Sagrada. Por outro lado, a Umbanda, embora traga em seu bojo alguns traços híbridos, é uma religião sincrética, na qual Nossa Senhora da Conceição pode ser sincretizada com Iemanjá, por exemplo.

Por fim, a terceira parte enfoca nos movimentos de nascimento e organização das federações religiosas. Nele, o leitor notará que o movimento de organização das religiões afro-brasileiras abre espaço e dá caminho a outras formas de organização, associações, movimentos sociais, e que é dentro desse processo de organização que a história das religiões afro-brasileiras vem sendo construída.

As religiões afro-brasileiras e afro-ameríndias vêm sendo pesquisadas no Brasil desde o século xix — podemos destacar as contribuições de Gilberto Freyre, por exemplo — e foi, gradualmente, ocupando espaço dentro da academia, em diversas áreas das Ciências Humanas e da Natureza a partir do século xx.

Esperamos que este livro possa vir a ser um divisor de águas no estudo e no ensino religiosos e da história das religiões afro-ameríndias paraibanas, sobre a qual pouco se conhece, embora esse estado seja o berço da Jurema Sagrada.

---

7   Segundo Zilá Bernd (2004, p.101), o hibridismo é "um processo de resssimbolização em que a memória dos objetos se conserva e em que a tensão entre elementos díspares gera novos objetos culturais que correspondem as tentativas de tradução ou de inscrição subversiva da cultura de origem em uma nova cultura."

PARTE I

EXPOSIÇÃO DO MÉTODO: HISTÓRIAS DE VIDA

1. A HISTÓRIA ORAL

Uma vez que o foco deste livro recai sobre as religiões afro-brasileiras da Paraíba, cujos dogmas, doutrinas, segredos e ritualística têm como base de sustentação a tradição oral, a entrevista foi o método mais adequado a ser utilizado para a pesquisa do tema. É preciso que se tenha em mente que, embora façamos parte de um tempo cíclico, o estudo apresentado neste livro abarca grupos sociais religiosos de matrizes africanas e afro-brasileiras que valorizam o tempo atemporal, eterno, isto é, o tempo do mito.

O tempo mítico é o tempo sagrado das deusas e dos deuses. Nesse tempo, não há preocupação com contextualizações históricas e coerências cronológicas. Ele é eterno, ressuscitado a todo instante quando solicitado pela memória das adeptas e dos adeptos das religiões cujo tempo mítico é alicerce para crenças e tradições. Sobre o mito, Eliade (1998, p. 11) tece as seguintes considerações:

> o mito conta uma história sagrada; ele relata um acontecimento ocorrido no tempo primordial, o tempo fabuloso do "princípio". Em outros termos, o mito narra como, graças às façanhas dos Entes Sobrenaturais, uma realidade passou a existir, seja uma realidade total, o Cosmo, ou apenas um fragmento: uma ilha, uma espécie vegetal, um comportamento humano, uma instituição. É sempre, portanto, a narrativa de uma "criação": ele relata de que modo algo foi produzido e começou a ser. O mito fala apenas do que realmente ocorreu, do que se manifestou plenamente. Os personagens dos mitos são os Entes Sobrenaturais. Eles são conhecidos sobretudo pelo que fizeram no tempo prestigioso dos "primórdios" [...] Em suma,

os mitos descrevem as diversas, e algumas vezes dramáticas, irrupções do sagrado (ou do "sobrenatural") no Mundo. É essa irrupção do sagrado que realmente fundamenta o Mundo e o converte no que é hoje.

O trabalho de Éclea Bosi, *Memória e sociedade: lembranças de velhos*, traz uma importante reflexão teórica sobre a memória, um exemplo de como as reminiscências dos idosos podem ser fundamentais para a reconstrução de histórias da comunidade. Bosi revela o valor da memória dos idosos, desse repasse de informações às novas gerações por meio da oralidade: "o reviver dos que já participam então das nossas conversas e esperanças" (1994, p. 73).

Os cientistas religiosos, que exercem o ofício de narradores de histórias das religiões, possuem o singular poder de trazer à tona um passado ora agradável e necessário, ora não. É por esse motivo que esses profissionais são importantes no lócus de produção de conhecimento onde vivem e trabalham.

Em *História e memória*, Jacques Le Goff dá-nos importantes pistas ao discutir os mecanismos de manipulação da memória utilizados pelas classes dominantes sobre as subalternas desde a Antiguidade até os nossos dias. Na obra, o historiador também se propõe a recuperar conceitos científicos (de hereditariedade da memória) à luz das ciências, como a Biologia e a Física.

A memória é um elemento essencial do que se costuma chamar identidade, individual ou coletiva, cuja busca é uma das atividades fundamentais dos indivíduos e das sociedades de hoje, na febre da angústia. (LE GOFF, 2003, p. 469).

Quando nos propomos a trabalhar com religiões afro-brasileiras e ameríndias, no caso das comunidades tradicionais de terreiro, a memória de seus adeptos é terreno fertilizado pelo tempo mítico, tempo dos antepassados distantes ou remotos, alguns perdidos nas brumas de um tempo atemporal. Há uma preocupação dentro das religiões afro-brasileiras de repassar, dos mais velhos aos mais novos, postulantes e iniciados, todo um arcabouço histórico dos segredos e tradições dessas religiões. É comum nos terreiros de Candomblé, cuja presença do matriarcado é notoriamente relevante, a prática de a ialorixá sentar-se com a família de santo para contar as lendas dos orixás, ressaltando em suas epopeias as qualidades virtuosas das divindades, de modo que suas filhas e seus filhos se sintam orgulhosos.

Le Goff descreve a memória como um rio com dois afluentes: um da lembrança e o outro do esquecimento. Assim, podemos entender que a memória não é só composta de lembranças, sejam estas agradáveis ou não, mas da seleção que faz dos acontecimentos. O esquecimento é a memória apagada, a perda. As sociedades letradas tendem a se dispersar e, consequentemente, perder parte de suas histórias; já as sociedades iletradas que têm como elo as práticas religiosas conservam seu passado com mais cuidado e detalhes. A repetição faz perpetuar, de geração a geração, do continente africano ao americano, lendas e costumes de povos milenares, como os bantos, iorubás, fons, entre outros.

A memória sempre foi e tem sido fonte de riqueza para a preservação cultural-religiosa de religiões de matrizes africanas e afro-brasileiras. Memória, nesse sentido, é também instrumento de poder e de dominação nesses grupos sociais em que a escrita nunca foi critério para a obtenção de postos hierárquicos sacerdotais. Para Appiah (1997, p. 185): "Na transmissão oral, tudo que é transmitido é de memória e é necessário partilhar com aquele que fala um conhecimento dos pressupostos que lhe servem de base". No capítulo "Velhos deuses, novos mundos", do livro *Na casa de meu pai*, o autor questiona o paradoxo da importância da memória para os povos africanos tradicionais e a falta de uma cultura letrada entre eles, o que, para Appiah, é fator crucial para o desenvolvimento da modernidade.

A história oral no Brasil vem crescendo desde a criação da Associação Brasileira de História Oral (ABHO), após o I Encontro Nacional de História Oral, realizado na Universidade de São Paulo (USP) em 1993, onde foram apresentados trabalhos produzidos por historiadores, antropólogos, sociólogos, educadores, arquivistas etc. O catálogo *História oral e multidisciplinaridade* (1994) foi publicado como resultado do II Encontro Nacional de História Oral e, concomitantemente, aconteceu a assembleia de fundação da ABHO.[1]

---

[1] Em 1992, aconteceu o Congresso Internacional América 92: Raízes e Trajetórias, durante o qual foi proposta a criação de uma Associação Latino-americana de História Oral, com a presença de representantes de cinco países. Nessa oportunidade, constatou-se que esse projeto deveria ser antecedido pela criação de Associações Nacionais.

Devido a divergências em relação ao nome e ao caráter da associação por parte dos pesquisadores das diferentes áreas das Ciências Humanas, Ciências Sociais Aplicadas, Educação etc., o termo *história oral* tornou-se um elemento comum de interpelação e conhecimento.[2] A revista *História Oral* vem coroar essa concretização de um projeto que já caminhava a passos lentos. Sobre a gênese da história oral, Ferreira (1994, p. 19) afirma:

> Como é sabido, a história oral, desde seu surgimento nos anos 50, desenvolveu-se de forma significativa nos países da Europa Ocidental e nos Estados Unidos. A realização de encontros internacionais sempre sediados na Europa e nos Estados Unidos, e a pequena participação de pesquisadores da Ásia, da África e da América Latina nesses encontros apenas confirmam o que acabo de dizer.
>
> Como é sabido, também, a história oral enraizou-se, nesses países, não apenas no meio acadêmico, mas principalmente no seio dos movimentos sociais. Seu compromisso inicial, como já se assinalou tantas vezes, foi o de "dar voz aos excluídos e marginalizados". Ora, os chamados países em desenvolvimento caracterizam-se exatamente pela exclusão das suas grandes massas trabalhadoras. Seriam um campo privilegiado para o desenvolvimento dessa história oral dos excluídos, mas a afirmação da história oral foi aí mais tardia, resultado de um processo lento e descontínuo.

Ferreira empreendeu a reconstrução histórica da história oral, especialmente no Brasil. Segundo ela, a partir de 1975, a Fundação Getúlio Vargas, em parceria e com patrocínio da Fundação Ford, passou a difundir e a estimular o uso da história oral nas universidades brasileiras. Isso ocorreu mesmo no período ditatorial, quando as entrevistas eram fortemente reprimidas, além de haver resistência dos historiadores estruturalistas quanto ao uso de depoimentos de pessoas vivas

---

2   Estatuto da Associação Brasileira de História Oral, Artigo 1º: "Por história oral se entende o trabalho de pesquisa que utiliza fontes orais em diferentes modalidades, independentemente da área de conhecimento na qual essa metodologia é utilizada".

protagonistas do processo histórico em detrimento de fontes primárias (documentos oficiais).

Os pesquisadores de história local abraçaram esse recurso metodológico na década de 1980, quando da abertura política, e na década de 1990, no *boom* da história oral, que se consolidou com a criação da associação e da revista e com o advento de uma crescente aceitação nas universidades públicas brasileiras.

A história oral, contudo, não está restrita à academia. Existem projetos de reconstrução histórica da sociedade civil desenvolvidos por associações, organizações não-governamentais e sindicatos que trabalham especificamente com a história oral, como a Casa Amarela, no Recife (por meio da Federação de Associação de Moradores), e a ONG Engenho Cumbe, também conhecida como Encumbe, em Santa Rita, que trabalha com a história local e a memória das religiões afro-brasileiras da cidade e da Paraíba. Existem também museus e arquivos, públicos e privados, que se utilizam dessa metodologia.[3]

Ferreira também aponta o segundo setor (as empresas privadas) como instituições que aderiram à história oral como instrumento de marketing, contratando, muitas vezes, pesquisadores de associações ou universidades para realizar esses trabalhos. Para ela, iniciativas como essa são propagandas que buscam o passado de seus produtos através da memória. É comum, nos dias atuais, as empresas ressaltarem em suas propagandas o tempo de sua existência.

> A ideia básica é que essas sociedades, preocupadas com a perda do sentido do passado e com o aprofundamento da capacidade de esquecer, têm procurado recuperar o passado estabelecendo caminhos para uma redefinição de identidades. E um elemento importante nesse processo são as comemorações, cerimônias destinadas a trazer de volta a lembrança, espaço propício para se consolidar uma ligação entre os homens fundada sobre a memória. (FERREIRA, 1998, p. 27)

---

3 Podemos citar o Museu da Imagem e do Som (MIS) do Rio de Janeiro e de São Paulo, o Instituto Cultural Judaico Marc Chagall e o Arquivo Histórico Judaico Brasileiro.

A história oral é parte integrante do cotidiano das religiões africanas e afro-brasileiras, tanto pela importância e pela força da palavra quanto pela ausência de textos sagrados, o que reforça o caráter valorativo da memória entre os africanos e os afrodescendentes. Gomes e Mattos (1998, p. 122), corroborando com esse pensamento, afirmam:

> A questão teórico-metodológica diz respeito a como o uso da história oral pode ser um recurso extremamente profícuo e operacional para se ter acesso à dinâmica desse processo de circulação/apropriação. Como, através do uso de entrevistas e mesmo que este não seja o objetivo precípuo da pesquisa original que as gerou, é possível se mapear formas de absorção de ideias, formuladas como projetos políticos datados, e que passam a integrar a memória de grupos sociais por largo período de tempo, constituindo-se um verdadeiro imaginário coletivo.

2. AS ENTREVISTAS

Os trabalhos produzidos sobre as religiões afro-brasileiras e as entrevistas com seus adeptos formam a base estrutural do texto que deu origem a este livro. Não existe história oral sem entrevistas e pesquisas sobre seu conteúdo e sua veracidade.

Existem diferentes tipologias de entrevistas, que se diferenciam quanto a suas estruturas e objetos: entrevistas de histórias de vida, temáticas, genealógicas, com objetivos históricos, antropológicos, sociológicos etc. No caso deste livro, a opção se fez pelas histórias de vida de pessoas praticantes de religiões afro-brasileiras e afro-ameríndias, as quais se caracterizam também como histórias temáticas.

Uma entrevista não é uma ação meramente técnica, fria, sem vínculo algum entre a pessoa que entrevista e a que é entrevistada. Faz-se necessário alguns contatos prévios e visitas aleatórias, visando a melhor aproximação entre ambos, desde que esses contatos se deem da forma mais natural possível. Sobre o processo preparatório das entrevistas, Thompson (1992, p. 254) nos diz:

> O primeiro ponto é a preparação de informações básicas, por meio da leitura ou de outras maneiras. A importância disso varia muito. A melhor maneira de dar início ao trabalho pode ser mediante entrevistas exploratórias, mapeando o campo e colhendo ideias e informações. Com a ajuda destas, pode-se definir o problema e localizar algumas das fontes para resolvê-lo. Do mesmo modo que a "entrevista piloto" de um grande levantamento, uma entrevista de coleta de informações genéricas no início de um projeto local pode ser uma etapa muito útil.

Optamos por entrevistas semidirigidas ou semiestruturadas,[1] objetivando uma relação mais informal com as pessoas entrevistadas.

Todas as pessoas que participaram da pesquisa que serviu de ponto de partida para a escrita deste livro responderam às questões de forma descontraída e muito espontânea. Eu já conhecia todos, sem exceção. Entrevistei ialorixás, babalorixás e presidentes de federações das religiões afro-brasileiras na Paraíba. Algumas pessoas foram visitadas pessoalmente; outras foram contatadas por telefone, por *e-mail* ou pelas redes sociais, onde, hoje, é comum a presença de sacerdotisas e sacerdotes.

Cada encontro foi realizado em local e data específicos, na residência dos entrevistados, nos terreiros ou nas sedes das federações. Eles aconteceram de forma amistosa, salvo no caso de alguns presidentes de federação, que demonstravam alto teor de ranço quando referiam-se a outras federações — tais episódios não serão descritos neste livro para não fomentar disputas ou discórdias nas instituições religiosas, pouco numerosas e já fragmentadas por questões ideológicas.

O recorte local envolveu as cidades de Santa Rita e João Pessoa, na Paraíba. Em Santa Rita, o foco recaiu sobre Mãe Rita Preta, iniciada na Jurema em 1945, e Mãe Laura de Oyá, iniciada na Jurema e na Umbanda.

Em João Pessoa, entrevistamos Pai Osias (Umbanda), da Torre, Pai Beto de Xangô[2] (Umbanda), Pai Erivaldo de Oxum (Candomblé Queto), ambos de Mangabeira, Mãe Renilda de Alaketo[3] (Candomblé Jeje), de Cruz das Armas, e, Valter Pereira,[4] também de Mangabeira.[5]

---

[1] No questionário de entrevistas utilizado na produção desta pesquisa, constam apenas três perguntas básicas: 1. Como você se aproximou dessa religião (Candomblé, Umbanda ou Jurema)? / 2. Quando você se iniciou nessa religião? / 3. Como eram os cultos religiosos na Paraíba antes da liberação dos mesmos? (pergunta exclusiva para pessoas que se iniciaram antes de 1966 — ano da liberação dos cultos afro-brasileiros na Paraíba).

[2] Presidente fundador da Federação Cultural Paraibana de Umbanda, Candomblé e Jurema — FCP UMCANJU.

[3] Presidente fundadora da Federação Independente dos Cultos Afro-brasileiros.

[4] Presidente da Federação dos Cultos Africanos da Paraíba.

[5] Todos os entrevistados verbalizaram um termo de livre consentimento autorizando a publicação de suas entrevistas.

3. A PALAVRA NAS PERSPECTIVAS AFRICANA E AFRO-BRASILEIRA

A fonte oral não se restringe apenas à tradição oral das religiões africanas e afro-brasileiras. Tem relação com a importância, com o poder da palavra para os adeptos dessas religiões.

A palavra é portadora de AXÉ (força vital), condutora de conhecimento por meio da perpetuação dos ritos sagrados e dos segredos milenares repassados aos iniciados. Segundo Eduardo David de Oliveira (2003, p. 45):

> A palavra aparece visceralmente ligada à Força Vital. O detentor primordial da palavra é o preexistente, assim como é ele o detentor daquela. A palavra, com efeito, muitas vezes aparece nas cosmogonias africanas como um subsídio fundamental para a criação do mundo e, neste caso, ela é portadora da "força" que anima e vitaliza o mundo. O homem, por sua vez, ao ser criado, recebe a Força Vital e o poder da palavra, que são equivalentes, visto que a palavra é concebida como uma energia capaz de gerar coisas.

Alguns historiadores da cultura e da religião africana e afro-brasileira debruçaram-se sobre a tradição oral e a importância da palavra, a exemplo de Vansina (2010), Hampate Bâ (2010), entre outros. Baseada nas ideias de Hampate Bâ, Ribeiro (1996, p. 47) diz:

> Disciplinar a palavra significa também não a utilizar imprudentemente. Se constitui a exteriorização das vibrações de forças inferiores, inversa-

mente, a força interior nasce da interiorização da fala. O grau de evolução [...] não é medido pela quantidade de palavras que conhece, e sim pela conformidade de sua vida a tais palavras.

Ainda sobre a importância da palavra em sociedades cuja escrita não determina relação uma de poder, discorre:

> Os iorubás consideram a palavra sete vezes mais poderosa que qualquer rito ou preparado mágico. Consideram seu poder criativo não-restrito ao momento da criação, mas passível de ação atual. Uma vez pronunciada, desencadeia resultados por vezes imprevisíveis. Conecta a mente humana à matéria, permitindo a ação daquela sobre esta. (RIBEIRO, 1996, p. 47)

Sobre a importância da palavra, Leite (*apud* RIBEIRO, 1996) traz relatos de que algumas sociedades africanas optaram por não adotar a escrita em suas culturas, haja vista sua função inferiorizada em relação à palavra. Os iorubás atribuem forças significantes a nomes de pessoas, cidades, objetos etc. Os nomes dos nascidos em determinadas comunidades carregam uma carga de subjetividade, geralmente relacionada aos orixás e suas qualidades. Podemos citar o exemplo de Oyadola, que, segundo Ribeiro (1996, p. 49), significa: "Oyá me fez nascer mais próspero e nobre (nome atribuído à criança cujo nascimento trouxe grande prosperidade à família)".

Os principais povos das religiões tradicionais africanas difundidos no Brasil foram os iorubás, os bantos e os fons, e entre eles ocorreram hibridações inclusive linguísticas. Sobre o idioma africano mais popular, Ribeiro (1996, p. 45) afirma:

> O idioma falado pelos iorubás é o ioruba,[1] com variações de dialeto — egba, ekiti, ibadam, ife, ijebu, ijesa, ikale, ilaje, ondo, owo e oyo, por exemplo.

---

1 Segundo Olaniyan (*apud* RIBEIRO, 1996, p.45), o "idioma iorubá integra o grupo linguístico nígero-congolês e estima-se que seja falado por cerca de 25 milhões de pessoas. Este grupo linguístico compõe, juntamente com o nilo-saariano e o afro-asiático, o conjunto de famílias linguísticas existentes na Nigéria".

De fato, cada nome destes refere-se simultaneamente a uma cidade, um dialeto e um agrupamento humano.

Em *Cantos sagrados do Xangô do Recife*, Carvalho (1993, p. 32) traz uma significativa pesquisa sobre o idioma iorubá, utilizado no Candomblé Nagô, e resgata as rezas para os orixás, bem como os rituais como lavação de cabeça, sacrifício de animais, ebós, celebração, nomes sagrados etc. Além disso, nesse trabalho, o autor apresenta um resumo das convenções de pronúncia e escrita do iorubá oficial, alegando que "os fonemas do iorubá são facilmente assimiláveis aos da língua portuguesa, demandando pouquíssimos ajustes de pronúncia".

É sob a perspectiva da palavra africana e afro-brasileira que este livro foi erigido: a história oral, a história-palavra dos excluídos historicamente, a palavra que insere, que transforma.

4. DESCRIÇÃO ETNOGRÁFICA[1] NAS RELIGIÕES AFRO-BRASILEIRAS

A opção pela descrição etnográfica que compõe parte do conteúdo deste livro está intensamente relacionada à riqueza da cultura africana, em especial das religiões tradicionais africanas, afro-brasileiras e afro-ameríndias, por serem bastante ricas em suas indumentárias, culinária, danças ancestrais, cantos, maquiagens, artesanato e costumes — todos como parte integrante de rituais litúrgicos.

Não é possível pensar no Candomblé, na Umbanda e na Jurema sem relatar toda essa gama de riquezas que foram trazidas do continente africano e aqui, incorporando-se às culturas dos autóctones e dos lusitanos, hibridizaram e formaram as religiões que conhecemos hoje, e que continuam sofrendo pequenas e constantes modificações ao longo dos séculos. Em alguns trechos deste livro são feitas descrições etnográficas objetivando proporcionar aos leitores que — por algum motivo — nunca visitaram um templo de religião afro-brasileira a oportunidade de ficar mais perto delas por meio de relatos, fotografias e iconografias. Segundo Laplantine (2004, p. 13-14):

> Localizados, de fato, em uma só cultura, não apenas nos mantemos cegos diante das culturas dos outros, mas míopes quando se trata da nossa. A experiência da alteridade (e a elaboração dessa experiência) obriga-nos a ver o que nem sequer poderíamos imaginar, a dificulda-

---

[1] Etnografia é o método utilizado pela Antropologia na coleta de dados.

de em fixar nossa atenção naquilo que nos é habitual é tanta que acabamos por considerar que "isso é isso mesmo". Todos somos, de fato, tributários das convenções da nossa época, de nossa cultura e de nosso meio social que, sem que percebamos, nos designa: o que é preciso olhar, como é preciso olhar.

Durante minhas visitas aos terreiros de Candomblé, Umbanda e Jurema, esforcei-me o suficiente para manter-me na condição de etnógrafo, mesmo entendendo e concordando que nenhuma descrição é neutra. Veja o que nos diz Laplantine (2003, p.93):

> Existem milhares de pontos de vista possíveis para descrever uma mesma paisagem, uma mesma cena da vida cotidiana. Nós não julgamos todos igualmente significativos os fatos que nós observamos e, sobretudo, não atribuímos as mesmas significações aos fatos retidos. Se existe uma autonomia do "descrito", do "referente", do "significado", do social, é como nós começamos a ver uma autonomia relativa. Nós não temos, com efeito, nenhuma possibilidade de ver o mundo fora da linguagem. Todo olhar procede instantaneamente a uma construção formal. A descrição é uma descrição daquele que descreve e que progressivamente vai construir um objeto. O significado não é imanente, dado antecipadamente presente, anterior e exterior à própria questão pesquisada. Ele encontra-se no ato daquele que questiona o sentido daquilo que ele observa.

O resultado das visitas, nosso acervo iconográfico, aparece como um esforço para ampliar as várias possibilidades sobre recursos escritos e fotográficos de rituais religiosos, hoje mais acessíveis aos pesquisadores.

> Até onde se tem notícia, data de 1928 o primeiro documento extenso escrito contendo os mitos da arte oracular, um caderno compilado por Agenor Miranda Rocha, membro letrado de um dos terreiros da Bahia, em que tradições divinatórias haviam sido preservadas à moda dos antigos babalaôs, mas esse documento somente foi trazido à luz mais de meio século depois de ter sido escrito. (PRANDI, 2001, p. 25)

É possível pensar neste caderno com registros de tradições divinatórias como um tipo de documento iconográfico, visto seu caráter descritivo. Chama a atenção o inusitado fato da existência desses cadernos no século XIX, em que, segundo Prandi (2001, p. 25): "até bem pouco tempo atrás, a maioria dos dirigentes dos terreiros e demais iniciados era analfabeta".

5. FOTOGRAFIA, ICONOGRAFIA E O REGISTRO DE RITOS RELIGIOSOS AFRO-BRASILEIROS

Vivemos em um mundo globalizado em que a imagem vem ocupando, de forma esmagadora e excludente, todos os espaços de cultura e de entretenimento. O áudio, a exemplo das rádios, que tiveram seu tempo áureo principalmente no século xx, foi gradativamente perdendo o posto de comunicador de massa para o cinema e, posteriormente, para a televisão, culminando com a cibermídia de hoje. Os livros didáticos, os jornais e as revistas impressos começaram a perder espaço para a mídia eletrônica. As cartas, com o advento do *e-mail* e dos *sites* de relacionamento, foram praticamente relegadas às relações comerciais. Sobre o uso da fotografia como recurso etnográfico, Laplantine (2004, p. 81) declara:

> A fotografia, quanto a ela, coloca imediatamente um termo ao cepticismo relativo a uma questão e à dúvida quanto a uma interrogação. Ela constata, autentica, garante. Ela é da ordem da certeza, da evidência, e mais ainda da prova da objetividade dos fatos. Quando você segura uma fotografia nas mãos, é impossível você negar que o que ela representa "aconteceu realmente assim" ou aquele que foi flagrado não existe ou existiu. Tudo pode ser recusado na existência, salvo a fotografia.

Ao longo da pesquisa que precedeu a escrita deste livro, e mesmo antes, houve a preocupação de que fossem feitos registros fotográficos[1] durante

---

[1] Como membro da Diretoria Executiva da Encumbe de Santa Rita que trabalha com os segmentos Cultura e Educação, o autor teve acesso ao acervo fotográfico de religiões afro-brasileiras organizado por ele e cedido pela ONG.

as entrevistas com as sacerdotisas e os sacerdotes das religiões afro-brasileiras e nos dias de culto (quando autorizado o uso de máquina fotográfica). A tentativa foi a de fazer os registros da forma mais natural e discreta possível. Algumas sacerdotisas e alguns sacerdotes emprestaram parte de seu acervo para reprodução, a fim de torná-lo público. Sobre a descrição etnográfica por meio da fotografia, Laplantine (2004, p.86) diz:

> A fotografia, que a utilizemos ou não, dá-nos uma lição insubstituível de escrita. Ela ensina-nos que podemos fazer variar a profundidade de campo visual entre o grande plano e o infinito, que a luminosidade é só ela mesma objeto de uma acomodação, que nunca existe uma única visão possível, mas uma visão distinta e uma visão embaçada, uma visão nítida e uma visão difusa, uma visão direta e uma visão obliqua... Descrever é sempre descrever a partir de uma perspectiva: ao perto, ao longe, do lado de, através... Em suma, a fotografia permite à escrita etnográfica (instrumentalizada ou não) evitar as armadilhas e as ilusões do pensamento dogmático, unívoco e de certo modo, monofocalizante.

PARTE II

AS RELIGIÕES AFRO--BRASILEIRAS NA PARAÍBA

1. A JUREMA SAGRADA

Jurema, minha Jurema
Jurema, Jurema minha
Jurema Preta, a senhora é rainha
És a dona da cidade
Mas a chave dela é minha[1]

O estudo da história das religiões de forma sistematizada, conforme tem--se conhecimento, data do século XX, mais precisamente do ano de 1912, com as obras de Émile Durkheim, Wilhelm Schmidt, Raffaele Pettazzoni, C.G. Jung e Sigmund Freud. No Brasil, o estudo das religiões afro-brasileiras começou a dar sinais no século XIX com o trabalho de Nina Rodrigues.

Embora imbuído de preconceitos e teses infundadas sobre a inferioridade étnica dos negros em relação aos brancos, o trabalho de Nina Rodrigues não deixa de ser um legado para que, mais tarde, outros pesquisadores se interessassem em desenvolver pesquisas com diferentes olhares sobre as religiões afro-brasileiras e afro-ameríndias. Prandi (2007, p. 8-9) informa que possui um cadastro de mais de três mil obras sobre essas religiões e que, em sua maioria, os autores são brasileiros.

> Havia evidentemente uma dúzia ou mais de trabalhos mais antigos, que podemos tomar como precursores. Incluem-se aqui o célebre livro do médico Nina Rodrigues sobre o Candomblé na Bahia [...]. Também *As religiões do Rio*, livro de 1906 do cronista João do Rio (Paulo Barreto) [...]. Das décadas

---

[1]   Ponto cantado para abertura da gira de Jurema (domínio público).

de 1930 e 1950, dispúnhamos das obras de Artur Ramos e dos livros e artigos de Édson Carneiro sobre a Bahia. Em Pernambuco, nessa mesma época, escreveram sobre Xangô Gonçalves Fernandes, Vicente Lima, Pedro Cavalcanti e, já no início de 1950, René Ribeiro e, depois, Waldemar Valente.

[...] devendo eu aqui não esquecer de mencionar o livro de Pierre Verger publicado em Dakar, em 1957 [...]. A interpretação das religiões afro-brasileiras, contudo, já estava presente em três obras fundamentais para o estudo das religiões afro-brasileiras: do próprio Procopio Camargo, *Kardecismo e Umbanda*, de 1961; e de Roger Bastide, dois títulos, ambos à época só disponíveis em francês: *Le candomblé de Bahia*, datado de 1958 e aqui publicado vinte anos depois, e *Les religions africaines au Brésil*,, de 1960, editado no Brasil em 1971.

As primeiras dissertações sobre as religiões afro-brasileiras surgiram, na década de 1970, nos cursos de Sociologia, Antropologia etc., a princípio no Rio de Janeiro, depois em outros estados. Na Paraíba, monografias, dissertações e livros foram publicados com recortes diversos sobre a Jurema, a Umbanda e o Candomblé. Nenhum dos pesquisadores debruçou-se sobre a tarefa de reconstruir, em um único trabalho, a história dessas religiões no estado. Vale ressaltar a contribuição de Wallace Ferreira de Souza (2008), que foi aluno da primeira turma de Mestrado em Ciências das Religiões, e Francisco Ferreira da Silva (2009), da segunda turma.

O Catimbó de Jurema, como é comumente chamado no Nordeste —, especificamente entre os estados do Rio Grande do Norte, da Paraíba e de Pernambuco —, não é exclusividade dos ameríndios dessa região do país. Pesquisadores brasileiros já mencionavam o Candomblé de Caboclo no Brasil dos séculos XVI e XVII, por exemplo. Prandi (1996, p. 66) revela que:

O Candomblé de "nação" Angola, de origem banto, adotou o panteão dos orixás iorubás [...]. Sua linguagem ritual, também intraduzível, originou-se predominantemente das línguas quimbundo e quicongo. Nessa "nação", tem fundamental importância o culto dos caboclos, que são espíritos de índios, considerados pelos antigos africanos como sendo os verdadeiros ancestrais brasileiros, portanto os que são dignos de culto no novo território em que foram confinados pela escravidão. O Candomblé de Caboclo é uma modalidade de Angola centrado no culto exclusivo dos antepassados indígenas. Foi provavelmente o Candomblé Angola e o de Caboclo que deram origem à Umbanda. Há outras nações menores de origem banto, como a Congo e a Cambinda, hoje quase inteiramente absorvidas pela nação Angola.

Enquanto pesquisadores como Prandi incursionaram pelo Candomblé de Caboclo, ou Jurema de Caboclo, o escritor paulista Mário de Andrade, precursor do Movimento Modernista no Brasil, a serviço do Departamento de Cultura da Prefeitura Municipal de São Paulo, realizou uma coleta de músicas folclóricas nordestinas com a inserção de um acervo fílmico e fotográfico. De acordo com Assunção (2006, p. 30):

> Considerando a Missão de Pesquisas Folclóricas de 1938 como o primeiro trabalho sistemático de pesquisas que recolheu informações sobre o Catimbó praticado em cidades do interior nordestino, embora sejam cidades situadas no agreste paraibano, próximas do litoral.

A seguir, serão suscitados alguns apontamentos para a reconstrução histórica da Paraíba e da cidade de Santa Rita, escolhidas como corte espacial.

A colonização lusitana na Paraíba, chamada de Itamaracá desde a implantação do sistema de capitanias hereditárias, aconteceu apenas em 5 de agosto de 1585, quando recebeu as denominações de Nossa Senhora das Neves, Filipeia de Nossa Senhora das Neves, Frederica (durante a ocupação holandesa no Brasil, em fins do século XVI e meados do XVII) e Parahyba. A história de Santa Rita inicia-se com a do estado.

> Como povoado colonial, Santa Rita tem sua origem ligada à implantação do engenho Real Tibiri, em 1586, pelos colonizadores da Capitania Real da Paraíba. Por conseguinte, com exceção da cidade de Filipeia de Nossa senhora das Neves, Santa Rita pode ser considerada o núcleo de povoamento mais antigo da Paraíba, inserindo-se a sua fundação nos quadros da política de expansão ultramarina, sob a égide da produção açucareira. (SANTANA, 1990, p. 151)

Ao considerar que a Paraíba é o berço da Jurema Sagrada, entende-se que os silvícolas que viviam nas microrregiões paraibanas já prestavam culto aos antepassados antes da chegada dos lusitanos a estas terras. Entre os séculos XVI e XIX, institucionalizou-se a escravidão na capitania/estado. Pode-se afirmar que a mão de obra escrava predominante na Paraíba sempre foi a indígena (os negros da terra), tendo, também, os escravos oriundos da África ido de Pernambuco para lá. Lopes (2009, p. 21), em seu trabalho *Presença escrava na freguesia de Santa Rita*, elucida:

> Se observarmos que a freguesia de Santa Rita[2] era uma grande produtora de açúcar, deve-se levar em consideração que foi encontrada uma pequena quantidade de registros sobre a propriedade escrava em 19 anos pesquisados [1869-1888]. Esta escassez de trabalhadores nos livros de notas pode ser retrato da própria dificuldade dos senhores de engenho em adquirirem escravizados da África, no final da escravidão. Esses trabalhadores não chegavam a 25% da população total. Por outro lado, a freguesia detinha a forte presença de uma população escrava de origem crioula, isto é, nascida em terras brasileiras.

Bastide (1985 *apud* Santiago, 2008, p. 2) refere-se ao caráter negro na Jurema ao reportar-se à influência dos escravos bantos que eram comercializados na Paraíba e em Pernambuco. Estes, por sua vez, adequaram-se com facilidade aos cultos aos ancestrais indígenas praticados na região. Esse cruzamento ou hibridização deu origem ao Candomblé de Caboclo. Em sua tese, que envolveu pesquisa na Grande João Pessoa, Santiago (2008, p. 3) afirma:

> Assim, é comum encontrar nos terreiros de tradição afro-brasileira nos municípios de João Pessoa, Bayeux, Santa Rita e Cabedelo, do Estado da Paraíba, duas linhas centrais do culto envolvendo entidades e processos rituais distintos, o que não significa dizer que não possa haver trânsito

2 Freguesia refere-se à divisão eclesiástica utilizada nos períodos Colonial e Imperial, na qual se separava uma diocese da outra e se definia o local de jurisdição de um sacerdote.

de algumas entidades entre as duas linhas. Trata-se da linha da Jurema, herdeira essencialmente dos processos rituais do antigo Catimbó/Jurema, miscigenados com elementos da Umbanda, e a linha do orixá, que tem no Candomblé sua fonte inspiradora.

Ao contrário do que ocorre nos outros estados brasileiros, a Paraíba começa sua religiosidade com o culto à Jurema: a princípio, a Jurema de Chão, realizada nas matas; a Jurema de Mesa ou Mesa Branca, realizada em quartinhos com estrutura precária e, geralmente, situados em fundos de quintal; e a Jurema Batida, que dificilmente acontecia (mas, quando acontecia, era realizada geralmente nas matas), devido à perseguição policial.

Na Paraíba, os juremeiros faziam seus torés de caboclo nas matas do Buraquinho (entre os bairros Torre e Castelo Branco), na Mata do Amém, em Cabedelo, na Mata da Usina São João ou nas Mumbabas, em Santa Rita, na Mata do Xenxém, em Bayeux, e em outras reservas de matas em Campina Grande e nas demais cidades onde existia o culto.

Falar das práticas religiosas afro-brasileiras na Paraíba antes de 1966, marco divisor da liberação desses cultos na gestão do governador João Agripino, é afirmar que os cultos aconteciam na clandestinidade. A Jurema era, praticamente, a religião "oficial", ou seja, todos os adeptos de culto afro-brasileiro na Paraíba começaram na Jurema.

Segundo Cascudo (1951), nas primeiras aparições do termo "Jurema" em jornais do país, ainda na década de 1920, aludia-se à qualidade de espíritos baixos e barulhentos do Catimbó de Jurema.

Para alguns pesquisadores, a Jurema surgiu na Paraíba, na cidade de Alhandra, litoral sul do estado, devido à presença ancestral de mestras e mestres como Maria do Acais, Jardecília, Manoel Inácio, Zezinho do Acais, Flósculo Guimarães etc. Sobre a origem da Jurema, Freitas (2008, p. 3) traz as seguintes contribuições:

René Vandezande (1975), estudioso do Catimbó existente na cidade de Alhandra-PB, ressalta que o termo *catimbozeiro* era estritamente relacionado ao designativo juremeiro, evidenciando que a denominação jurema fazia referência a um elemento do Catimbó, a própria árvore da jurema,

Jurema (*Mimosa hostilis*) é uma árvore que floresce no agreste e na caatinga nordestina. Da casca de seu tronco e de suas raízes se faz uma bebida mágico-sagrada que alimenta e dá forças aos encantados do "outro mundo". A jurema dá nome à religião ameríndia e também a uma cabocla: a Cabocla Jurema, cultuada na religião de mesmo nome.

da qual se retiravam as sementes, raízes, folhas e madeira para os preparos utilizados durante as sessões de Catimbó.

A partir das histórias de vida contadas pelos chefes de terreiros mais idosos dos municípios que envolvem a Grande João Pessoa-PB, pude constatar, através de seus itinerários religiosos, suas vinculações iniciais ao culto da Jurema por volta da década de 1940, os quais se referem à existência naquele período de práticas de Catimbó, sem alusão a rituais de Umbanda ou de Candomblé.

Ao estudar o encontro e cruzamento dos índios da antiga aldeia Aratagui do século XVI e a Umbanda do século XX na Paraíba, Salles (2004) remonta os primórdios da história do Sítio Acais em Alhandra. A aldeia Aratagui teria sido construída para defender a fazenda do Capitão Duarte Gomes.

Os índios lá assentados vinham de um aldeamento jesuíta e eram provavelmente tabajaras [...]. Pouco tempo após sua fundação, com a finalidade de mantê-los mais distantes dos moradores, a "aldeota" e sua igreja seriam transferidas meia légua acima. Em 1610, a aldeia aparece no Catálogo da Companhia de Jesus, com o nome de Assunção, estando sob a administração dos jesuítas de Olinda. Em 1746, ela é administrada pelos padres oratorianos, sendo então registrada como aldeia de Nossa Senhora da Assunção de Aratagui, pertencendo à freguesia de Taquara. Doze anos mais tarde, na ocasião da elevação da aldeia à categoria de vila, recebe o nome de Alhandra.[3] (SALLES, 2004, p. 104)

Outrossim, em seus apontamentos históricos sobre a cidade de Alhandra, originária da aldeia Aratagui, Salles (2004) enfatiza o marco inicial da tradição do Catimbó de Jurema no estado: as remanescências ancestrais indígenas de Inácio Gonçalves de Barros. O autor destaca a figura de Maria Eugênia Gonçalves Guimarães (Maria do Acais Segunda),[4] que morrera na década de 1930.

A Jurema, embora tenha origem ameríndia, é uma religião híbrida. No século XVI, quando da conquista e exploração do território brasileiro pelos portugueses, cronistas de diversos países notificaram a existência de cultos com caráter religioso, praticados pelos silvícolas do Brasil, envolvendo danças, adornos com penas e uma espécie de transe ou "possessão" durante os rituais. Ainda na metade do século, com a chegada dos escravos trazidos do continente africano, os cronistas observaram uma aproximação destes com os autóctones brasileiros, inclusive em certas confluências de rituais religiosos no que se refere a danças e transes. Neste livro, isso será chamado de início da hibridação religiosa no Brasil Colônia. Os elementos das culturas indígenas diversas do Brasil e os das também diversas culturas dos povos africanos — iorubás, bantos, fons etc. (vitimados pela

---

3   Ainda segundo Salles (2004, p. 104-105): "Quase um século após ter se tornado vila, a antiga aldeia Aratagui continuava sendo habitada basicamente por índios [...]. Apesar da resistência, os aldeamentos na freguesia de Alhandra foram considerados extintos em 1862".

4   "A referida juremeira era irmã do mestre Casteliano Gonçalves e sobrinha da mestra Maria do Acais (a primeira), de quem herdou, por volta de 1910, a propriedade denominada Acais" (SALLES, 2004, p. 106).

diáspora negra africana) —, acrescentaram-se ao cristianismo do colonizador português, como bem descreve Freyre (2004). Sobre o aspecto cristão da Jurema, Cascudo (1951) afirma: "a Jurema surge como a árvore que escondeu a sagrada família dos soldados de Herodes durante a fuga para o Egito, ganhando desde então suas propriedades mágico-religiosas". Essa afirmação justifica o ponto cantado[5] que diz:

> A Jurema é minha madrinha
> Jesus é o meu protetor
> A Jurema é um pau sagrado
> onde Jesus descansou.
> O médium pra ser bom médium
> não discute com ninguém.
> Joga a fumaça pra cima
> e vai esperar no além.

Não podemos classificar a Jurema como uma ramificação da Umbanda ou do Candomblé. Embora tenha sofrido uma hibridação, ela tem liturgia e objetos de culto próprios, sendo praticada geralmente em terreiros de Umbanda e até nos de Candomblé. A Jurema apresenta-se hibridizada com o Catolicismo por meio dos mestres que sempre louvam em nome do Senhor: "Salve o nome de nosso Senhor Jesus Cristo. Quem pode mais que Deus?". Mesmo não havendo uma convenção para significados sobre o Catimbó de Jurema, podemos caracterizá-la como uma religião brasileira de origem ameríndia e hibridizada com os cultos afro-brasileiros e com o Catolicismo popular. Suas origens estão nos idos do século XIX e sua firmação e difusão ocorreram na cidade de Alhandra, no litoral paraibano.

Segundo Vandezande (1975), a Jurema é composta por sete[6] cidades sagradas que formam o Juremá e que variam de acordo com a região,

---

5   Domínio público.
6   Dentro da numerologia presente nas religiões afro-brasileira e afro-
    ameríndias, o número 7 tem representação simbólica muito forte. W.W. Matta
    e Silva (1996) define como as sete linhas de vibração da Umbanda.

como Anjico, Jucá, Vajucá, Canindé, Urubá, Panemá, entre outras. Habitam o Juremá: caboclos e caboclas de pena, índios, mestres e mestras, pretas e pretos-velhos, baianas e baianos, princesas e príncipes, variando de culto para culto.

Conforme citado anteriormente, os cultos são variados: na Jurema de Mesa, os médiuns, sentados, invocam as entidades por meio de pontos-cantados;[7] na Jurema Batida, os médiuns dançam — ao som de ilus, afoxés, triângulos, pandeiros e agogôs —, vestidos geralmente de branco ou de roupas coloridas feitas de chita; já na Jurema de Chão, os médiuns ficam sentados em tamboretes ou no chão, entoam pontos-cantados e recebem suas entidades que, nesse caso, não dançam.

Em pesquisa posterior à de Vandezande, Salles (2004) aponta outras cidades encantadas da Jurema: os assentamentos/tronqueiras de mestras e mestres que foram exímios juremeiros e, quando morreram, encantaram-se, passando a voltar à Terra na condição de entidades juremeiras. É o caso dos mestres Zezinho do Acais, Flósculo Guimarães, Maria do Acais e Jardecília.

> No centro de Alhandra existe a cidade da mestra Jardecília, juremeira mais conhecida por Zefa de Tiíno. Trata-se de uma cidade relativamente nova, que, ao contrário das demais, surge no contexto da Umbanda, em meados da década de 1970. Dona Zefa ficou conhecida em Alhandra pelas sessões que realizava ao ar livre, denominadas por ela de toré, e por ter sido representante em Alhandra da Federação dos Cultos Africanos do Estado da Paraíba. (SALLES, 2004, p. 109-110)

A mestra Jardecília era afamada juremeira paraibana, contemporânea das mestras Maria do Acais, Joana Pé de Chita e Rita Preta de Santa Rita — esta última recebeu o título de "mestra", ainda em vida, pela Federação Cultural de Umbanda, Candomblé e Jurema, em 2008. Mestra Jardecília

---

7   Existem os pontos-cantados e os pontos-riscados. Ambos proporcionam uma vibração energética que abre um portal energético por onde as entidades se manifestam. O primeiro é feito por meio de cânticos e rezas cantadas; e o segundo por intermédio de símbolos riscados no chão pelas próprias entidades, cada um com o seu significado.

Mestra Jardecília e Carlos Leal Rodrigues, Sítio do Acais, 1966, marco divisor das religiões afro-paraibanas.
Fonte: Acervo pessoal de Mãe Rita Preta, gentilmente cedida para esta pesquisa.

ficou responsável pela representação da Federação dos Cultos Africanos do Estado da Paraíba em Alhandra e Mãe Rita Preta em Santa Rita, quando da sua fundação em 1966.

Ao se retratar, embora de forma introdutória, a origem e a estrutura do culto da Jurema nordestina, é importante ressaltar que essa forma de culto aos ancestrais, aos encantados, existe em diversas regiões do país e assume caráter local, personalizado. Uma dessas formas de culto é a Encantaria Amazônica, que tem bases na Pajelança Cabocla. Os adeptos da Encantaria amazônica acreditam que Dom Sebastião — rei de Portugal que desaparecera, em 1580, na região de Alcácer-Quibir, na África, numa cruzada contra os mouros — veio para o Brasil, onde mais tarde encantou-se. Unido aos pajés, Dom Sebastião passou a incorporar nos médiuns para praticar a cura. Há também a crença em entidades como o Anhangá e o Curupira, espíritos perigosos que habitam as matas e se vingam dos maus caçadores, sobretudo daqueles que caçam uma só espécie, podendo levá-las à extinção. Ainda acreditam em espíritos que incorporam em espécies animais da região, como cobras, jacarés, peixes e botos que habitam os igarapés da região amazônica.

> a crença fundamental da pajelança cabocla reside na figura do encantado. Apesar de algumas variações nas crenças de região para região da Amazônia, entre aquelas já estudadas e descritas por antropólogos, folcloristas e outros escritores, a crença nos encantados se refere a seres que são considerados normalmente invisíveis às pessoas comuns [...]. Trataremos aqui basicamente das crenças e práticas da pajelança não indígena tal como podemos entendê-las e observá-las. (MAUES; VILLACORTA, 2004, p. 17)

Mesmo o autor afirmando tratar-se de pajelança não indígena, a crença em um Dom Sebastião que se uniu aos indígenas e a prática de curandeirismo aproximam a Encantaria das religiões ameríndias, embora Encantaria não seja Xamanismo. A figura do índio, do caboclo, aproxima essa prática religiosa da Jurema Sagrada praticada no Nordeste. O que a Jurema tem de mais específico no seu bojo de crenças é o forte traço híbrido de uma religião que bebeu em fontes diversas, como revela Bastide (2004, p. 146):

> O Catimbó é de origem índia. Sem voltar às descrições antigas sobre a pajelança e os primeiros contatos entre o Catolicismo e a religião dos índios [...], sem tentar traçar a genealogia histórica do Catimbó, encontramos ainda hoje entre o puro índio e o homem do Nordeste toda a gradação que nos conduz pouco a pouco do paganismo ao Catimbó da Paraíba.

De Cascudo (1951) a Bastide (2004), dentre diversos autores que pesquisaram a Jurema, é notória a aproximação entre os índios do Nordeste, os colonizadores portugueses e os escravos provindos da África, o que faz da Jurema uma religião afro-ameríndia.

Nos dias atuais, os olhares para a Jurema têm sido mais frequentes, quer seja pelas pesquisas nas diversas áreas das Ciências Humanas nas instituições de ensino superior, quer seja por mobilizações de instituições religiosas, como é o caso da luta da Sociedade Iorubana e da Federação Cultural Paraibana de Umbanda, Candomblé e Jurema, pelo tombamento e preservação do Sítio Acais e de seu patrimônio material e imaterial, como as próprias juremeiras antigas.

1.1 Mãe Rita Preta[8] e a Jurema Preta

Na Paraíba, existem vários juremeiros que tombaram[9] na Jurema e se encantaram no Juremá, passando, após sete anos, a incorporar em outros médiuns, a exemplo dos mestres citados da cidade de Alhandra: Maria do Acais, Jardecília, Manoel Inácio e Flósculo Guimarães, bem como mestre Carlos e a mestra Joana Pé de Chita da cidade de Santa Rita.

Joana Pé de Chita viveu em Santa Rita, mais precisamente na várzea da cidade (sentido João Pessoa, interior do estado), nas propriedades de terras da tradicional família Santiago, proprietários da Companhia In-

---

8   Neste livro, optou-se por relatar um pouco da história de vida de Mãe Rita Preta no que diz respeito à família, origem e infância, antes de chegar à vida religiosa e ao sacerdócio.

9   Diz-se "tombar" na Jurema em dois momentos da vida do juremeiro: o primeiro, semelhante ao bolonã do Candomblé, que é onde o médium fica desacordado para ser recolhido ao quarto da Jurema e ali serem feitos os fundamentos da ciência sagrada; e o segundo momento quando da morte do juremeiro.

dustrial de Cerâmica (mais conhecida como Cincera) e de latifúndios na cidade. Joana Pé de Chita atendia às pessoas debaixo dos pés de jurema-preta plantados por ela mesma. Devido à perseguição aos cultos afro-brasileiros no estado, chegou a ser presa pela polícia, sendo solta com a intervenção dos proprietários da terra. Após sua morte, na década de 1960, encantou-se como mestra:

> Que cidade é aquela?
> É a Várzea de Santa Rita. (2x)
> Vamos saravar a mestra.
> Salve Joana Pé de Chita.[10]

Joana Pé de Chita foi nome de uma das sedes da Federação dos Cultos Africanos da Paraíba em Santa Rita, fechada na década de 1990.

Entre alguns juremeiros, sacerdotes e sacerdotisas da Jurema, pode-se destacar Zefa Cacunda, Pai Valdevino, Pai Cardoso, Maria do Peixe (*in memoriam*),[11] Mãe Cleonice, Mãe Severina de Chico Diabo (*in memoriam*), em João Pessoa, e Mãe Laura, Mãe Izaura e Mãe Rita Preta, em Santa Rita, sucessoras da mestra Joana Pé de Chita. A seguir são destacados alguns relatos de Mãe Rita Preta sobre sua infância e aproximação com o mundo espiritual:[12]

> Quando eu era criança eu já via os ispiutos [sic] mas não podia falar de nada porque eu era criada pela minha vó e ela era evangélica (da Assembl-ria [sic] de Deus). Eu nasci em Lagoa Seca [Pernambuco] e fiquei sem pai e sem mãe logo cedo. Nasci em vinte de agosto de 1928 e, em 1940, nos mudamos para Paraíba: Itabaina, Cabedelo e depois Santa Rita. Viemos primeiro pra Rua Cardoso Vieira, em seguida Bela Vista e adepois [sic] pra rua Nilo Peçanha [...] Me casei com 14 anos com meu primeiro e único marido até hoje [...] Ele num gostava desses negoços de ispíuto [sic] não. Não queria nem saber [...] A escola? Na escola as professora [sic] tudo gostava

10 Domínio público.
11 Falecida em outubro de 2010.
12 Trecho de entrevista extraído do vídeo-documentário *Santa Rita Preta* (2007), ONG Encumbe.

> de mim. Eu ia, mas eu ia na escola já com sentido de volta pra trabaiá [sic]. Ela, minha avó, dizia: "Hoje você tem que dá dez braça de trança pra fazer um chapéu." Trabaiava [sic] até dez horas da noite.

Analisando-se o depoimento de Mãe Rita Preta, é possível identificar fortes elementos que denotam sua vivência em uma infância conturbada. Por ser detentora de uma mediunidade pouco comum, a clarividência, e ter sido educada em um ambiente totalmente hostil a tal faculdade, pode-se supor que foram tamanhos os conflitos. Mãe Rita foi criada por sua avó paterna que, por ser evangélica ortodoxa da Assembleia de Deus, não entendia nem aceitava a possibilidade de a neta vivenciar uma religião espírita. Foi só depois que ela se casou e adoeceu que sua avó passou a aceitá-la. Já o marido de Mãe Rita Preta, Joaquim da Silva, acabou se separando dela por intolerância religiosa.

Nascida em família evangélica, Mãe Rita Preta passou pelo Espiritismo,[13] visitou centros esotéricos, participou de peregrinações, procissões da religiosidade popular do Catolicismo e iniciou-se na Jurema. De acordo com seus depoimentos, na década de 1960, iniciou-se na Umbanda e até hoje possui um terreiro. Seguem trechos da entrevista sobre sua vida religiosa:[14]

> Eu me aproximei depois que me senti doente. Deixei a mãe e o marido, fui para Recife [leia-se Lagoa Seca], casa de umas tias, pra me tratar. Quando cheguei lá, a mulher disse tudo que eu sentia: sentia uma dor de dente, sentia esse caroço, mas não tinha nada de doença, a doença que eu sentia era o espíuto [sic]. E justamente foi o espíuto [sic]. Aí ela disse que afastava essa dor de dente e eu ia ficar boa. Passar 15 dias, fez 15 dias como hoje, como amanhã eu tava [sic] debruçada na janela conversando mais a outra e deu aquela dor muito grande no meu dente e eu caí pra trás. Quando caí, a vizinha, que era xangozeira — xangozeira não, era juremeira —, veio e pediu para rezar uma prece na minha cabeça. Na prece, meu guia falou pela cabocla. Falou e disse que tinha que continuar. Aí ela me chamou pra um

13 Popularmente chamado de Kardecismo.
14 Trecho de entrevista extraído do vídeo-documentário *Santa Rita Preta* (2007), ong Encumbe.

convite de niversário [sic]. Quando cheguei lá. Não era niversário [sic], era um terreiro. Aí eu fui com um vestido branco. Quando eu voltei o cabelo tava, só tinha puêra [sic] e a roupa tava preta da cor do chão. Aí o dono da casa disse: "Olhe, você prussiga [sic]. Cada cá segue no que pode. Prussiga [sic], mas seja fiel". [...] E levo até o fim de minha vida, porque eu prometi, porque eu jurei perante o santo, perante os meus pais de santo, que eu ia até o fim da vida. E vou até o fim...

Da fala de Mãe Rita Preta podem ser retirados elementos diversos, desde sua migração religiosa até o processo iniciático nas religiões afro-brasileiras e ameríndias. Sobre sua passagem pelo Espiritismo, antes da chegada à Umbanda, Negrão (1994, p. 116) faz a seguinte constatação:

Constatamos que a grande influência moralizadora sobre a Umbanda provém do Kardecismo. Certamente uma grande quantidade de pais de santo teve sua formação espírita e mediúnica inicial nas "mesas brancas", aderindo posteriormente às giras. Há também um número indefinido, mas certamente bem elevado, de simples médiuns iniciados nos salões kardecistas.

As afirmações de Negrão (1994) têm como base uma amostragem de pesquisa realizada com 76 pais de santo. De acordo com ela, 42,1% migraram do Kardecismo e 69,7% tiveram formação católica de berço. O caso de Mãe Rita Preta é bem mais raro: ela teve formação evangélica, na Assembleia de Deus, e migrou para a Umbanda. Sobre o "chamado" para as religiões afro-brasileiras, Silva (2009, p. 54) conta que:

dentre as motivações dos adeptos a procurar um terreiro de Umbanda configuram-se principalmente pela busca por alternativas de cura de sofrimentos físicos e psicológicos. Os informantes pontuam que todos os orixás têm poder de cura, não somente a entidade Omolu, frequentemente relacionado com doenças e curas.

Na década de 2000, a presença de adolescentes e jovens sadios tem mostrado que há indícios de uma mudança dessa prática de chegada às religiões afro-brasileiras. Além da adesão por consanguinidade, herança religiosa dos pais, a aproximação pela pesquisa e pela curiosidade, em pequena escala, também têm atraído novos adeptos.

Na imagem a seguir, vê-se um momento da liturgia umbandista. Pode-se notar que o terreiro de Mãe Rita Preta (à direita na foto), o *Templo de Umbanda Caboclo José de Andrade*, está localizado na periferia de Santa Rita, no bairro de Santa Cruz, que tem habitações modestas e, na época, não havia pavimentação de pedras. Sobre o lócus religioso afro-brasileiro:

> Podemos perceber o quanto é difícil encontrarmos os templos afro-brasileiros em destaque nos bairros com melhor infraestrutura em termos de transportes de fácil acesso, saneamento, iluminação pública satisfatória, estrutura urbana em geral. Muitos deles estão localizados em bairros mais populares e economicamente pobres, normalmente distanciados do centro. Além dessas dificuldades de localização, esses templos ainda experimentam a força e a pujança dos templos pentecostais na concorrência acirrada no mercado religioso. (SILVA, 2009, p. 47-48)

A seguir, é apresentado um trecho do depoimento de Mãe Rita Preta sobre seu processo de iniciação, sua feitura na Jurema, sua concepção sobre o sacerdócio, sua vivência nas religiões afro-brasileiras e o traço sincrético característico da Umbanda:[15]

> Eu passei sete dias deitada em cima de umas folha [sic] de mato, deitada, coberta de folhas, sem trabessêro [sic], sem lençol, coberta de mel [...] Eu não imaginei, as formiga vão me cume. Eu não imaginei em nada [...] A religião não faz mal a ninguém, num se pode falar mal dessa religião. Existe gente que diz é ispíuta [sic] e não é. Agora eu não tenho nada a ver com eles, pode dizerem [sic] o que quiser. Só sei que eu, os meus, nunca fez mal a ninguém, nem é de fazer. Porque eu jurei a Deus, eu disse: "Se eu é [sic] de fazer mal ao próximo, eu faço a mim mesmo". [...] E ispíuto [sic] nenhum pode fazer mal a ninguém. Porque o ispíuto [sic] já está

15 Trecho de entrevista extraído do vídeo-documentário *Santa Rita Preta* (2007), ONG Encumbe.

ACIMA: Da direita para a esquerda: Mãe Rita Preta, Carlos Leal Rodrigues (*in memorian*), Dona Jandira de Ogum e Cícero Tomé (*in memorian*), na Rua Nilo Peçanha, Santa Rita, PB, na década de 1960.
Foto: Acervo ONG Encumbe

ABAIXO: Mãe Rita Preta (à esquerda) ao lado de Mãe Joana de Oyá (*in memorian*), sua mãe de santo.
Foto: Cleyton Ferreira (2008).

atrás da luz, da prece, do amor de Deus. Mas o povo tem os trabalhador [sic]. Eu não sou trabalhadeira do ispíuto [sic], eu sou vivedeira do ispíuto [sic]. Mas trabalhadeira do ispíuto [sic] pra fazer o mal eu não sou. Eu já injeitei [sic] já muito dinheiro, de gente dizer assim: "Eu dou um milhão a você", e eu dizer: "Eu não quero um tostão." Eu nem quero dinheiro, pra fazer mal ao meu próximo. Eu não quero. Eu quero paz e tranquilidade pra mim e pra meus irmão [sic].

Mãe Rita Preta, assim como todos juremeiros mencionados neste livro, e também os que não foram citados — até por se encontrarem em localidades distantes e viverem sua religiosidade no anonimato —, merecem todo o respeito por manterem viva uma tradição milenar de culto aos antepassados e por protagonizarem uma luta incessante contra a intolerância religiosa, o racismo, a homofobia e o preconceito social. A resistência de sacerdotisas como ela fez com que a Jurema Sagrada chegasse aos nossos dias, mantendo viva a cultura imaterial nordestina.

2. UMBANDA, UMA RELIGIÃO NACIONAL (1908-2010)

É sempre muito complexo falar sobre a Umbanda. Por se tratar de uma religião muito eclética no que se refere à crença, liturgia etc., fazer uma análise é uma situação que demanda muita responsabilidade. Este livro evita o abstracionismo, traço característico do cosmo umbandista. Outrossim, o caminho escolhido é o da reconstrução histórica dessa religião, genuinamente brasileira, mas de caráter universal, passando por seu nascimento na Paraíba e sua formação híbrida com a Jurema e o Candomblé Nagô de Recife, o que a torna uma religião bastante rica de significados e ressignificações em solo potiguar.[1] Silva (2009, p. 17), em seu trabalho sobre a Umbanda, afirma:

> Entendemos que, assim como a cultura popular, a Umbanda é como um "alinhavado" de pequenos pedaços de várias outras religiões, que são agregados ao seu sistema de ritos, fazendo com que esta seja uma das religiões mais flexíveis e adaptáveis existentes no nosso país. O fato de a Umbanda agregar às suas cerimônias ritos que lhe interessam, pertencentes a outras religiões, faz com que ela não tenha a tradição que se comenta, é uma inovação constante, mas sempre baseada na memória. Memória esta que é revisitada e retrabalhada constantemente.

[1] O termo potiguar, utilizado em alusão ao solo paraibano, refere-se à tribo indígena autóctone da Paraíba quando da conquista portuguesa em 1585.

Procópio de Camargo (1961) analisa as transformações econômicas, sociais e políticas em um Brasil pós-Segunda Guerra Mundial (1939-1945), a chegada e a ascensão de religiões como o Espiritismo e a Umbanda, suas contribuições para as mudanças de mentalidade e o trânsito religioso — sobretudo do Catolicismo para essas religiões — em maior escala nas cidades industrializadas, as metrópoles. Ao contrário de Bastide, Procópio deteve-se em estudar as religiões afro-brasileiras nos grandes centros urbanos.

O Candomblé só chegou a São Paulo na década de 1960, tendo ficado muito restrito à Bahia, tendo um caráter mais local. Prandi (2007), em seu trabalho "As religiões afro-brasileiras nas ciências sociais: uma conferência, uma bibliografia", se reportando às transformações ocorridas no cerne das religiões afro-brasileiras nos séculos XIX e XX, comenta:

> Em suma, ao longo do processo de mudanças mais gerais que orientou a formação brasileira das religiões dos orixás, voduns e inquices, o culto das divindades africanas primeiro se misturou ao culto dos santos católicos para ser brasileiro, forjando-se o sincretismo; depois apagou elementos negros e adotou valores cristãos para ser universal e se inserir na sociedade geral, gestando-se a Umbanda; finalmente, retomou origens negras para transformar também o Candomblé em religião para todos, iniciando um processo de africanização e dessincretização para alcançar sua autonomia em relação ao Catolicismo. (PRANDI, 2007, p. 15)

2.1 Nascimento da Umbanda

> Refletiu a luz divina
> Em todo seu esplendor
> Vem do reino de Oxalá
> Onde há paz e amor
> Luz que refletiu na terra
> Luz que refletiu no mar
> Luz que vem lá de Aruanda
> Para tudo iluminar

Umbanda é paz e amor
Um mundo cheio de luz
É força que nos dá vida
E a grandeza nos conduz
Avante, filhos de fé
Como a nossa lei não há
Levando ao mundo inteiro
A bandeira de Oxalá[2]

Arthur Ramos (1940), em *O negro brasileiro: etnografia religiosa e psicanálise*, traz os primórdios da Umbanda ao pesquisar os cultos bantos (Angola) e sua aproximação com o Espiritismo.

No Candomblé de Caboclo, no Candomblé de Egum e em outros há um culto aos antepassados fundido com as práticas religiosas dos índios brasileiros do século XVI em diante. Segundo Ramos (1940), o culto da Cabula, descrito e pesquisado primeiramente pelo bispo Dom João Correa Nery e, depois, por Nina Rodrigues é de origem banto e, na Bahia, hibridizou-se com as nações Jeje e Nagô, dando origem à Macumba carioca, que se fundiu com a Umbanda, nascida de uma dissidência do Espiritismo francês. Ao referir-se a um terreiro de Macumba na década de 1930, Arthur Ramos ressalta a presença do sincretismo entre os orixás e os santos católicos.

> Na Macumba carioca, o "embanda" ou "umbanda" da cabula torna-se o sacerdote do culto, o "cambone" seu adjunto, a "engira" ou "gira" indica agora o local onde dançam os fiéis, ou melhor, giram para receber os espíritos. As sessões não se realizam mais ocultas nos bosques, mas no interior das casas. (ORTIZ, 1978, p. 35)

Podemos entender que o termo "umbanda" advém de "embanda", que se refere ao sacerdote ou sacerdotisa do culto da Macumba. Por sua vez, o ter-

---

2   Hino da Umbanda, letra de J. M. Alves e música de Dalmo da Trindade
    Reis, cantado em rituais festivos. Sua letra é, por vezes, modificada
    de acordo com a interpretação de adeptos umbandistas.

mo "cabula", segundo os dicionários, significa "caiporismo",[3] o que conota termos pejorativos associados à religiosidade negro-africana. Segundo o dicionário de Ferreira (2001, p. 470), o termo "macumba" refere-se a "religião afro-brasileira com elementos de várias religiões indígenas brasileiras e da cristandade. O ritual que lhe corresponde". Para J. Oliveira (2003, p. 33), baseando-se no trabalho Edison Carneiro (1978) sobre os negros bantos:

> o termo "macumba" seria o plural de "cumba" e significaria reunião de "cumbas", isto é, reunião de jongueiros. "Como o vocábulo é sem dúvida angolense, a sua sílaba inicial talvez corresponda à partícula *ba* ou *ma* que, nas línguas do grupo banto, se antepõe aos substantivos para a formação do plural". Assim, seria lícito especular que o escravo ao ser interpelado pelo senhor respondesse que aquela reunião (ou festa), na qual os negros dançavam e cantavam com tanta alegria, se tratava de uma macumba. Acredita-se também que o caráter pejorativo, associado à magia negra, que o termo assumiu ao longo do tempo se deu pela provável associação ao adjetivo feminino "má".

É sabido que o termo "magia negra" é fruto de uma associação de encantarias mágico-religiosas realizadas pelos escravos brasileiros, inclusive quando da solicitação de seus serviços pela elite branca católica desde o Período Colonial. A magia dos negros, associada ao mal, passou a ser conhecida como *magia negra*, expressão utilizada até os dias atuais praticamente sem sofrer alteração de sentido.

Os grupos étnicos de escravos trazidos em maior número da África para o Novo Mundo foram os bantos[4] e os sudaneses.[5] Isso ocorreu por mais de trezentos anos de tráfico de pessoas para a Europa (1517) e para

---

3   Caiporismo: *S.m. Bras.* Má sorte ou infelicidade constante; azar, cabula,
    peso, urucubaca (*bras.*), macaca (*bras.*). (FERREIRA, 2001, p. 127).
4   Os bantos são originários do antigo Reino do Congo, hoje
    Congo, Angola, Gabão, Moçambique e Zaire.
5   Os sudaneses são originários da África Ocidental, onde hoje é a Nigéria, Togo
    e Benin (ex-Daomé). São os iorubás ou nagôs (subdivididos em queto, ijexá
    e egbá), os jejes (ewe e fon) e os fanti-ashantis. Entre os sudaneses, vieram
    nações islamizadas, como os haussás, tapas, peuls, fulas e mandingas.

o Brasil (1537) — até o século XVIII. Além de esses grupos terem sofrido uma diáspora da África, ao chegarem a solo brasileiro foram espalhados, pois os senhores escravagistas receavam haver organizações e consequentes sublevações.

O Espiritismo francês chegou ao Brasil no século XIX, mais precisamente em 1860, na Bahia, antes do nascimento da Umbanda.[6] Quando de sua chegada, já coexistiam uma "quase unanimidade" católica e as práticas de religiões afro-brasileiras, o Candomblé Queto, o Jeje e o Angola, nascidos nas senzalas e organizados com a ajuda das irmandades dos pretos livres e as religiões afro-ameríndias, como a Cabula, o Candomblé de Egum,[7] e de Caboclo. A respeito disso, Brown (1977) diz que o Espiritismo brasileiro, com atenuante ecletismo da formação espiritual de seus adeptos, logo recebeu influências místicas.

> Nas sessões de kardecistas não era raro, ao lado de desencarnados de mais prestígio, a presença de espíritos de velhos escravos e indígenas — inicialmente identificáveis, como os demais, pela lembrança das vidas passadas, mas que aos poucos vão perdendo os traços individualizadores e constituindo as categorias genéricas de pretos-velhos e caboclos. Esta transformação aproximava o "baixo Espiritismo", como era chamado nas sessões kardecistas, da estrutura do culto banto dos antepassados e integrava-o mais no quadro geral da "Macumba" do que na versão erudita do Espiritismo francês. (OLIVEIRA, J. 2003, p. 28)

No período entre o fim do século XIX e o início do século XX, estava preparado o terreno para o nascimento de uma nova religião, uma religião brasileira, de descendência europeia e com influências africanas: estava sendo gestada a Umbanda. Não existe uma data precisa que marque o nascimento oficial da Umbanda, por não haver um limite que estabeleça uma divi-

---

6   Segundo Diamantino Coelho Fernandes (1942), o vocábulo "Umbanda" remete ao sânscrito e sua etimologia deriva de "Aum-Bandhã", isto é, "o limite no ilimitado". Esta última frase caracteriza com mais precisão o caráter da Umbanda.

7   O culto dos egungum é o culto dos ancestrais masculinos, originários de Oyó, capital do império nagô. Foi implantado no Brasil no início do século XIX. Seus principais terreiros — hoje, praticamente os últimos — se encontram na Ilha de Itaparica, Bahia.

são entre os espíritos kardecistas e os da Macumba carioca. Matta e Silva (1964, p.14) cita, em seu livro, o depoimento de uma médium (Nicanor) que, aos 16 anos, em 1890, recebia o Caboclo Cobra-Coral, que dizia praticar a Umbanda. Optou-se por eleger como o nascimento oficial da Umbanda o dia 15 de novembro de 1908, no Rio de Janeiro, 19 anos após a proclamação da República Federativa do Brasil, no mesmo estado.[8] Ambos os acontecimentos representaram uma ruptura com o sistema vigente, o começo de outra história. Coincidentemente, a Umbanda recebeu o *status* de religião moderna, de religião brasileira. O médium Zélio de Moraes pode ser chamado de "pai da Umbanda". De acordo com Saidenberg (1978, p. 34-38):

> Zélio Fernandino de Moraes (São Gonçalo, 10 de abril de 1891 — 3 de outubro de 1975) foi um médium brasileiro. É considerado o anunciador da Umbanda. Tal fato ocorreu em 1908, sob a influência do Caboclo das Sete Encruzilhadas, que é considerado o guia espiritual fundador desta religião. Antes disso existiram diversas formas de culto, com raízes no Catimbó, no Candomblé de Caboclos e nas macumbas cariocas. Zélio foi aquele que, sob a influência de guias espirituais, organizou uma forma de culto espiritual específica e a esta deu o nome de Umbanda. Zélio nasceu em família tradicional de Neves, distrito de São Gonçalo. Em fins de 1908, então com dezessete anos de idade, Zélio preparava-se para o ingresso na carreira militar, na Marinha do Brasil, quando foi acometido por uma inexplicável paralisia, que os médicos não conseguiam debelar. Certo dia ergueu-se no leito, declarando: "Amanhã estarei curado!". No dia seguinte, de fato, levantou-se normalmente e voltou a caminhar, como se nada lhe houvesse acontecido: os médicos não souberam explicar o ocorrido. Seu tio, padre da Igreja Católica, surpreendido, também não soube explicar o fenômeno. Um amigo da família, então, sugeriu uma visita à Federação

---

8   O dia 15 de novembro foi instituído como Dia Nacional da Umbanda durante o III Congresso Brasileiro de Espiritismo de Umbanda, em 1973, no Rio de Janeiro. Nessa data, que passou a fazer parte do calendário umbandista, alguns terreiros comemoram a fundação da Umbanda e rendem homenagens ao Caboclo das Sete Encruzilhadas. Muitos umbandistas desconhecem a origem, a data de fundação e a história de Zélio Fernandino de Moraes. Apenas professam suas crenças religiosas sem questionamentos e busca de informação, sobretudo os adeptos das regiões mais empobrecidas do país.

Espírita do Estado do Rio de Janeiro (então sediada em Niterói), presidida, na ocasião, por José de Souza. Na ocasião, manifestou-se por intermédio de Zélio a entidade que se denominou Caboclo das Sete Encruzilhadas, que anunciou a fundação de uma nova religião no Brasil: a Umbanda. Foi fundada, no dia seguinte, em virtude dessa manifestação, a Tenda Espírita Nossa Senhora da Piedade. Em 1918, por orientação da mesma entidade espiritual, Zélio viria a fundar mais sete tendas de Umbanda. Aos 55 anos, passou a direção da Tenda Espírita Nossa Senhora da Piedade para as suas filhas Zélia de Moraes Lacerda e Zilmeia de Moraes Cunha (ambas falecidas). Feito isso, fundou a Cabana de Pai Antônio, em Cachoeiras de Macacu, no estado do Rio de Janeiro.

Embora a Umbanda tenha surgido como uma proposta totalmente nova e bebido de várias fontes da espiritualidade europeia, africana e indígena, apareceu, inicialmente, opondo-se à Macumba carioca, negando seu caráter "africanista", como chamavam os intelectuais da religião. De modo inverso a essa linha de pensamento, foi para acolher os excluídos do universo espiritual que ela emergiu. A Umbanda passou a funcionar como um tipo de quilombo, que acolhia os escravos de matrizes africanas, os índios, os afro-brasileiros. Os pretos-velhos e os caboclos são os espíritos centrais da Umbanda.

> o modelo de caboclo idealizado pelo culto de Umbanda ("bom" e "valente") esbarra em certa dose de rejeição por parte dos atuais representantes das classes indígenas. Este termo foi inicialmente utilizado para designar índios "mansos", que se submeteram à dominação das elites luso-brasileiras e abdicaram da própria identidade. Transformar um índio em caboclo seria, portanto, um processo que se iniciaria, muitas vezes, pela conversão de uma alma "selvagem" à fé cristã. (OLIVEIRA, J. 2003, p. 14)

J. Oliveira (2003) faz relevantes considerações sobre a precisão da data de fundação "oficial" da umbanda. Ele suscita a possibilidade de terem ocorrido equívocos nas informações sobre Zélio de Moraes, o que poderia ter acarretado a publicação de vários trabalhos sem teor de veracidade. Alguns autores, precursores dos estudos sobre a Umbanda, a exemplo de Camargo, Prandi e Ortiz, situam o nascimento da religião em 1920, tendo como base pesquisas realizadas na Tenda Nossa Senhora da Piedade, de Zélio de Moraes, no Rio de Janeiro. Segundo Diana Brown (1985, p. 9):

> A historiografia da Umbanda é extremamente imprecisa sobre este aspecto, e, fora deste contexto, a história de Zélio não é amplamente conhecida nem tampouco ganhou uma aceitação geral, particularmente entre os líderes mais jovens. Representando ou não seu relato, o momento histórico "real" da fundação da Umbanda,[9] de qualquer maneira ele é extremamente convincente no sentido de dar conta de como a fundação da Umbanda provavelmente ocorreu, combinando a realidade dos primeiros centros efetivos de Umbanda e o pessoal participante.

A obra de Diana Brown sobre a Umbanda, considerada pioneira, praticamente lança a tese de Zélio de Moraes como o fundador da religião. J. Oliveira (2003, p. 39), em entrevista a Zilmeia de Moraes Cunha retrata:

> Quando interrogada sobre as informações divulgadas pelos estudos de Diana Brown, a filha de Zélio de Moraes contestou o conteúdo das informações principalmente porque a pesquisadora, quando esteve no país para desenvolver a pesquisa, em nenhum momento esteve com seu pai, que na época ainda estava vivo e atuante à frente da única tenda em que trabalhou por toda vida.

As contradições de datas e nomes fazem parte de diversos processos de formação institucional, sejam elas de cunho religioso ou não. Para os pes-

---

9   Ainda segundo Brown (1985, p. 10): "o Centro Espírita Nossa Senhora da Piedade, que Zélio fundou e identificou para mim como o primeiro Centro de Umbanda, começou a funcionar em meados da década de 1920 num terreno alagado, nos fundos de uma casa nos arredores de Niterói. Após uma série de mudanças de local, o centro instalou-se em 1938 num amplo edifício na área central do Rio, onde está até hoje. Zélio permaneceu na direção do centro até seu afastamento em 1967, quando transferiu a liderança para sua filha. No decorrer dos anos 20, primeiros anos da Umbanda, muitos outros centros foram fundados por iniciados da casa mater. Esses centros continuavam a florescer e hoje formam o núcleo de maior, melhor conhecida e mais bem-dotada rede de centros de Umbanda no Rio".

quisadores, isso abre sempre uma seara de hipóteses a serem exploradas. Mesmo que a Umbanda tenha nascido em 1908 e divulgada em pesquisas públicas a partir de 1920, só em 1966 o IBGE a reconheceu como uma religião para figurar nos cartões de visita dos recenseadores, o que dificulta muito a análise quantitativa de seus adeptos nas seis primeiras décadas do século xx, salvo por algumas poucas pesquisas de universidades e de outras instituições do Sudeste do país. Em se tratando das demais regiões, é impossível obter dados sobre o assunto.

J. Oliveira (2003) enfatiza como divisor de águas o ano de 1950, em que 22 terreiros de Umbanda de São Paulo registraram-se em cartório como sociedades civis legalmente constituídas.

A Umbanda emergiu sob a égide do desenvolvimento industrial da década de 1930 e do acentuado crescimento populacional dos grandes centros urbanos do país, o eixo Rio de Janeiro—São Paulo. Ganhando contornos estéticos que lhes são próprios, na primeira metade do século xx, a Umbanda criou em seu bojo doutrinário um discurso que a separou das Macumbas cariocas, consideradas pelos espíritas como baixo Espiritismo e, ao mesmo tempo, distinguindo-se do Kardecismo por acolher e trabalhar em suas sessões com caboclos e pretos-velhos.

Número de adeptos de Umbanda/Kardecismo — São Paulo — 1964-1969			
Ano	Umbandistas	Taxa	Kardecistas
1964	93.395	100%	714.123
1965	105.850	113%	732.784
1966	185.442	198%	758.209
1967	240.088	257%	639.673
1968	256.603	274%	644.322
1969	302.952	324%	633.386

Fonte: IBGE *apud* ORTIZ (1991, p. 55).

A partir de 1966, a Umbanda se vê legitimada no nível oficial das estatísticas. Analisando-se o quadro acima, observa-se que em seis anos a religião cresce 324%. Não se deve, porém, tomar esta taxa de crescimento real do movimento religioso. Pra o ano de 1963, quando não se diferenciava ainda kardecistas e umbandistas, o número de espíritas era de 785.547. Comparando com a tabela apresentada, constata-se que, na medida em que o número de umbandistas aumenta, o de kardecistas decrece. É, portanto, provável que, nos primeiros anos, parte dos umbandistas que se declaravam espíritas passem a declarar sua verdadeira crença religiosa. Por outro lado, é possível que aqueles que não se diziam umbandistas passem a fazê-lo desde que esta nova categoria religiosa apareça nos questionários. (ORTIZ, 1978, p. 55-56)

O crescimento acentuado da Umbanda deu-se sob a voraz companhia da perseguição e da repressão policial. Negrão (1996) trabalha esse aspecto da Umbanda em *Entre a cruz e a encruzilhada: formação do campo umbandista em São Paulo*, narrando a perseguição histórica da polícia às religiões afro-brasileiras. Mesmo negando o panteão de orixás iorubás, bem como os inquices (de Angola) e os voduns (do Jeje), a presença dos caboclos e pretos-velhos não isentaram da Umbanda o rótulo de baixo Espiritismo advindo da Cabula e da Macumba carioca. Entretanto, a partir da Constituição Federal Republicana de 1890, com o que se estabelece o fim do padroado e o Brasil passa a ser um Estado laico, o Código Penal do mesmo período condena as práticas de curandeirismo e feitiçaria no país. De acordo com Prandi (1991, p. 54-55):

> Quando a Umbanda nascia, a Igreja lutava pela reiteração da autoridade da hierarquia romanizada, proclamava-se a única religião brasileira, ou única via de diálogo e intermediação entre o "povo" e o Estado da ditadura de Vargas [...]. Nunca tendo aceitado o Espiritismo kardecista, cuja base de prestígio firmava-se sobre enorme rede de filantropia e adesão de uma intelectualidade da pequena-burguesia tradicional urbana, a Igreja católica sequer se pronunciava sobre a Umbanda em seu período inicial [...].

Só no final da década de 1940 a Igreja católica iria declarar-se abertamente contra a Umbanda (Brown, 1987: 31), reconhecendo-a *ipso facto* como religião, e religião inimiga, e importante inimigo.

Desligado da Igreja católica desde a República, o Estado, na prática, funcionou por muito tempo como uma espécie de braço armado da Igreja contra cultos e práticas de origem africana, indígena e mesmo do Catolicismo de cura pré-ultramontano.

A nova religião crescia e se expandia pelo país. O Rio Grande do Sul foi um dos estados onde houve maior crescimento de tendas umbandistas, junto com o Rio de Janeiro, e seguido por São Paulo e pelo restante do país. O *boom* da emergência umbandista não se deu, contudo, de forma homogênea. Ao passo que a religião se espalhava, recebia influências diferentes, constituindo-se, gradativamente, como umbandas dentro da Umbanda ou das correntes umbandistas. Formando-se e descaracterizando-se, a Umbanda chegou ao seu primeiro centenário. Em *Evangelho de Umbanda Eclética* (1954, p. 44), os editores informam:

UMBANDA vem de UM + BANDA. UM, que significa Deus, em linguagem oriental, simplificada, para não entrarmos em detalhes esotéricos. E BANDA, que significa legião, exército... ou lado de Deus! [...] Ora, assim sendo não pode ser confundido com africanismo, cujo ritual bárbaro e obras criminosas traçam por si mesmo uma linha divisória de incompatibilidade doutrinária e sobretudo moral com UMBANDA.

É notório que a Umbanda surge como dissidente do Espiritismo e tenta firmar-se como uma religião espírita cristã em oposição às religiões afro-brasileiras e afro-ameríndias, as quais alguns "intelectuais" de classe média que dirigem a Umbanda no Sul e no Sudeste do país chamam de africanismo, associando-as até às seitas satânicas. Segue outra citação de Yokaanam (1954, p. 42-43) sobre sua liturgia:

"Pretos-velhos e caboclos"... servos de todas as jornadas percorridas, como símbolo mais expressivo da humildade reclamada pelo evangelho divino do pastor... Usarão nomes e roupagens de acordo com o avanço do meio, depois de arrasado o orgulho dos homens religiosos, sem amor e sem caridade [...] Usarão fumo apenas como esmeril do preconceito e também em substituição ao incenso na meadura da caridade entre massas pobres.

[...] A bebida e o fumo, destarte, usuados com absoluto e justo critério, servirão como "instrumentos científicos" da ciência divina para também dispensar e substituir os hospitais terrenos onde os pobres não dispõe de recursos para tão custosa a aparatosa assistência técnica, pelo menos.

Mas há uma correlação de forças recorrente dentro desse novo aparato religioso. Ortiz (1991) caracteriza esse movimento como embranquecimento e empretecimento umbandista. A Umbanda emerge, em um primeiro momento, como uma proposta de ser uma religião popular, dos pobres, dos negros e dos excluídos. É, pois, uma dissidência do Espiritismo francês, como sugere Brown (1985, p. 11):

Muitos integrantes deste grupo de fundadores eram, como Zélio, kardecistas insatisfeitos, que empreenderam visitas a diversos centros de "macumba" localizados nas favelas dos arredores do Rio e de Niterói. Eles passaram a preferir os espíritos e divindades africanas e indígenas presentes na "macumba", considerado-os mais competentes do que os altamente evoluídos espíritos kardecistas na cura e no tratamento de uma gama muito ampla de doenças e outros problemas.

Podemos verificar, no texto de Brown, que houve uma coalizão entre a nova religião e as tradicionais macumbas cariocas. A Umbanda estava — e continua nos dias atuais — buscando sua identidade. Nem tudo foi adesão. Os choques culturais litúrgicos também fizeram parte desse processo que, segundo Brown (1985, p. 11):

Eles achavam os rituais da "macumba" muito mais estimulantes e dramáticos do que os do Kardecismo [...]. Em contrapartida, porém, ficavam extremamente incomodados com certos aspectos da "macumba". Consideravam repugnantes os rituais que envolviam sacrifícios de animais, a presença de espíritos diabólicos (exus), ao lado do próprio ambiente, que muitas vezes incluía bebedeiras, comportamento grosseiro e a exploração econômica dos clientes.

Ao relatar o estranhamento vivenciado pelos fundadores da Umbanda à Macumba carioca, a pesquisadora Diana Brown reflete, em seu discurso, sobre a assimilação do conteúdo preconceituoso pregado pelos idealizadores do *Evangelho de Umbanda Eclética*, após determinação adotada pelo I Congresso do Espiritismo de Umbanda, em 1941, que se referia a termos como *africanismo* de forma pejorativa e associava os exus a espíritos diabólicos, quando o diabo não faz parte do panteão das religiões africanas ou afro-brasileiras, sendo temido apenas pelos de religiões judaico-cristãs.

• • •

A Umbanda Branca utiliza uma mesa, onde os médiuns ficam sentados invocando os espíritos de Aruanda[10] para incorporar-se neles, visando o trabalho para a caridade. Seus adeptos recusam-se a usar instrumentos percussivos, roupas coloridas, imagens em altares ou danças. Nessa vertente, não existe ritual de iniciação com sacrifício de animais, não se raspa a cabeça dos iniciados e acredita-se na evangelização para a evolução dos espíritos encarnados e dos desencarnados. A Umbanda Branca nasceu sob o signo do positivismo comteano e diz-se branca em oposição às culturas africana e afro-brasileira, chamadas pelos adeptos da Umbanda de africanismo.

Na década de 1950, com o frequente fluxo de nordestinos para a construção de Brasília — nova capital do país projetada por Oscar Niemeyer, sob o comando do Presidente Juscelino Kubitschek —, com a mão de obra barata e sem qualificação desse povo, surgiu a Umbanda Candanga. Segundo Serra (2001, p. 215):

Os mais antigos centros de Umbanda do Distrito Federal surgiram em 1958, dois anos antes da inauguração oficial de Brasília. O Mestre João Laus (já falecido) abriu sua tenda no Plano Piloto, na W3 Sul; o *Babá* Sebastião Calazans

---

10   Aruanda: universo mítico onde habitam os espíritos que trabalham na Umbanda.

(que também morreu) fundou seu centro em terreno doado por Juscelino Kubitschek, numa área hoje compreendida na cidade-satélite de Ceilândia.

A Umbanda Candanga não criou liturgia própria, nem tem características que a distingam das apresentadas no restante do país, mas chamou a atenção de pesquisadores por sua numerosa expressão em tendas e em adeptos. Em sua gestão na década de 1990, o babalorixá José Paiva de Oliveira, da Federação Brasiliense de Candomblé e Umbanda, informou que pouco mais de 500 pessoas são de Candomblé, o que evidencia e reforça o caráter de tradição umbandista no estado. Ainda segundo Serra (2001, p. 221-222):

> Como dizem os próprios *filhos de fé* candangos, em Brasília, pode-se encontrar tanto a Umbanda *branca* quanto a *mista* e a *preta*. [...]
>
> Os centros de Umbanda mista são, em Brasília, maioria absoluta. Difícil mesmo foi encontrar *gongás* da Umbanda preta. Eles apenas existem enquanto apontados por gente de fora. [...]
>
> A recusa do rótulo assinalado pela cor preta, a ampla aceitação da superioridade da forma *branca* e a adesão majoritária à condição *mista* traduzem perfeitamente um sistema de atitudes característico da ideologia racista brasileira, até na ambiguidade com que esta articula o conato do *branqueamento* com a celebração da mestiçagem.

Doravante o crescimento e o expansionismo da Umbanda no século xx, desde sua criação, mesmo tentando ser uma religião prosélita (a exemplo do Espiritismo), por meio do uso, por exemplo, do *Evangelho de Umbanda Eclético* em sua liturgia, o que predominou foi sua tradição oral, a exemplo das religiões tradicionais de terreiro, como a Jurema e o Candomblé.

Nessa convergência cultural-religiosa, traço característico da formação do povo brasileiro e, por conseguinte, da religião brasileira[11] por exce-

---

11 Gilberto Freyre denominou a Umbanda como a religião nacional brasileira, vista como confluente de símbolos católicos, africanos e indígenas. Uma religião que contribuiu culturalmente para a formação de uma identidade nacional. Em 1934, Freyre foi um dos organizadores do I Congresso de Religiões Afro-Brasileiras em Recife. Ele também teve forte participação na criação da primeira federação das religiões afro-brasileiras do Recife.

lência, como se pretendia a Umbanda, mescla-se a ela o culto Omolocô.[12] Embora os adeptos da Umbanda, em sua maioria, sobretudo os das classes sociais menos favorecidas (visto a ausência do proselitismo na liturgia umbandista), desconheçam a história e os fundamentos da religião, bem como o termo *omolocô*,[13] foi nessa fonte que a Umbanda bebeu e se ressignificou em todas as regiões do país, aproximando-se cada vez mais do Candomblé baiano, de matriz africana.

Foi Tata Tancredo da Silva Pinto quem trouxe o culto Omolocô para o Rio de Janeiro. Iniciado aos doze anos de idade por doze ministros de Xangô em Angola, ele liderou a vanguarda da Umbanda Primitiva, cuja tese havia sido defendida por ele ainda na fundação da Primeira Federação Umbandista no Rio de Janeiro, em 1939 — pelo médium Zélio de Moraes, que organizou o I Congresso Umbandista em 1941. Tata Tancredo defendeu o *status* de religião afro-brasileira à Umbanda, opondo-se fortemente ao termo *Umbanda Branca*, defendido por uma pequena classe média formada por intelectuais do Sudeste do país, o que Ortiz (1991) chama de movimentos de embranquecimento e empretecimento da Umbanda no século XX, conforme visto. No Omolocô, há um misto de divindades africanas e antepassados brasileiros, como orixás, caboclos, pretos-velhos, crianças, exus, boiadeiros, marujos, ciganos, pombagiras e mestres de Jurema. Sobre o Omolocô pode-se dizer:

---

12 A antiga nação Angola era formada pelo território de Cambinda, que se separou do Estado do Congo. Até 1918, possuía uma população de etnia banto num total de quatro milhões, cento e vinte e mil habitantes. O culto Omolocô nasceu nas tribos Lunda-Quiocôs. Com o tráfico negreiro, chegaram ao Brasil, no segundo ciclo do comércio escravo, os negros de Angola, Congo, Benguela, Cambinda, Mossamedes, Moçambique e Quielimane. Sua herança cultural permaneceu nas congadas, marujadas, caboclinhos, guardas de Moçambique e Congo, Rainha Conga, Rei Congo, etc. Disponível em: http://umbandaomoloko.blogspot.com/2009/06/omoloko.html. Acesso em: 25 ago. 2019.

13 O termo *omolocô* deriva de *lokô*, a árvore sagrada *lokô* ou *irokô* (gameleira branca), local onde os negros se reuniam, embora possua outros significados, como "eu poderoso nas almas". O omolocô possui, na sua lógica, a crença no Cruzeiro das Almas, o Cruzambê ou Banda de Saluim. Os pretos-velhos são essas almas em missão caridosa na Terra, ancestrais a serem cultuados, que habitam o subsolo, a reprodução deste mundo na eternidade. As guias usadas pelos pretos-velhos são feitas de lágrimas de Nossa Senhora com a cruz de guiné (erva sagrada de Zambi), significando saudade dos que partiram. Disponível em: http://umbandaomoloko.blogspot.com/2009/06/omoloko.html. Acesso em: 25 ago. 2019.

O antigo ritual tinha sua própria identidade, não se assemelhando em quase nada com a Umbanda praticada nos dias de hoje. Em alguns casos, observa-se uma mistura com o Candomblé ou o Kardecismo, sendo que no primeiro caso é chamada vulgarmente de "umbandomblé".[14]

Nesta nação, se faz feituras de cabaças, matanças e a maioria dos trabalhos que são feitos no Candomblé, só que dentro de uma ritualística própria. Como também se fazem trabalhos de incorporações com as entidades citadas. As reuniões constam de uma abertura onde se saúdam os orixás. Não existe manifestação dos mesmos e após este rito inicial os médiuns iniciam os trabalhos com seus guias e protetores.[15]

O culto Omolocô, que teve seu período áureo nas décadas de 1940 e 1950 nas favelas cariocas, aproximando-se da Macumba e fundindo-se com ela, transformou-se na Umbanda Primitiva. A expressão "primitiva" deve-se ao aspecto semelhante de suas práticas com o Candomblé baiano, tidas como fetichistas e atrasadas, devido ao sacrifício de animais e aos ritos iniciáticos. Nos dias atuais, o culto Omolocô encontra-se praticamente extinto na Paraíba, embora tenha marcado profundamente a liturgia umbandista em meados do século xx.

Há também o culto Terecô, denominação dada à religião afro-brasileira tradicional de Codó no Maranhão. O Terecô é conhecido, ainda, como Encantaria. Existe uma proximidade muito grande entre a Pajelança e as religiões afro-brasileiras, um misto de Jurema cruzada com Umbanda, cujos sacerdotes são conhecidos como curadores. Segundo Ferreti (2004, p. 60):

No Maranhão, fora da capital, os terreiros afro-brasileiros definem-se principalmente como Mata ou Terecô (como os tradicionais de Codó e da região do Mearim) e, mais recentemente, como Umbanda, denominação que vem sendo adotada após o surgimento de federações de terreiros para designar toda manifestação religios, onde há transe e ritual com tambor.

14 Disponível em: http://www.geocities.ws/borbaivan/. Acesso em: 25 ago. 2019.
15 http://www.temploestrelaguia.com.br/novo/doutrinas_e_fundamentos_da_umbanda/112

As umbandas Omolocô, Terecô, Candanga, de Cáritas com Nagô, entre outras, são um caldeirão de religiosidades populares, para cuja formação contribuíram o Espiritismo, o Cristianismo, a Pajelança e a matriz africana, fazendo parte de sua liturgia em maior ou menor grau. A "Umbanda nossa de cada dia" é a Umbanda de cada um, mudando conforme a região e as práticas sacerdotais.

2.2 A liturgia umbandista

Diferentemente do Candomblé, a Umbanda não pode se caracterizada como uma religião de liturgia homogênea. No Candomblé, independentemente da nação cultuada (Queto, Angola, Jeje, Nagô, Ijexá etc.), há uma ritualística comum, baseada no culto aos orixás em rituais festivos, com rezas, danças, instrumentos percussivos, gastronomia e indumentária específica para cada orixá, bem como diferentes idiomas: iorubá para Queto e Nagô; banto para Angola e Ijexá; e fon para os Jejes.

Na Umbanda, as sessões dependem do modelo praticado pelos médiuns, ou seja, a Umbanda Cristã, nascida como uma dissidência do Espiritismo francês e genuinamente brasileira, e a Umbanda afro-brasileira, fortemente fundida com o Candomblé, tendo bebido da fonte da Cabula e da Macumba carioca, podem ser bem diferentes.

A intenção deste livro é fundamentar a ideia de que não existem várias Umbandas, mas de que a Umbanda é uma religião diversificada. Assim, podemos afirmar que se trata de uma religião nacional, com influência de pelo menos três religiões diferentes: o Catolicismo, o Espiritismo e o Candomblé, além de traços do Judaísmo (Estrela de Salomão), citações da Cabala e esoterismos. Tem adeptos no campo e na cidade, passando da classe média para a periferia, onde se estabeleceu com maior profundidade.

A análise aqui proposta será iniciada pela Umbanda praticada no início do século xx, mais precisamente no Rio de Janeiro, em São Paulo e em Belo Horizonte. Segundo o *Evangelho de Umbanda Eclética*, da Fraternidade Eclética Espiritualista Universal do Rio de Janeiro, a tênue linha que separou a Umbanda do Espiritismo até a metade do século xx é quase invisível.

Assim, a Umbanda aparece como religião-irmã do Kardecismo, tendo o Cristianismo católico como pilar de sua edificação, e chegando a assumir caráter evangelizador. Nessa obra, há uma recorrente preocupação dos editores em defenderem-se dos ataques sofridos pela Umbanda por meio de jornais, programas de rádio e discursos de líderes religiosos diversos. No *Evangelho de Umbanda Eclético*, percebe-se um discurso bastante combativo e até mesmo agressivo, como ocorre neste trecho sobre o Espiritismo:

> O Espiritismo caracterizado pela mediunidade, ativa ou não, é comum a qualquer ser vivente e não é privilégio exclusivo do Espiritismo dito Kardecista a que chamam — não sabemos baseados em quê — de "Espiritismo Científico", que científico não é só porque é praticado comodamente sentados os seus fiéis em torno à mesa das sessões. Porque tanto faz o médium receber um espírito sentado, como de pé; deitado, em êxtase ou em desdobramento, de cócoras, de pernas cruzadas, numa cadeira ou no chão, ou ainda caminhando para lá e para cá, como os filósofos peripatéticos helenos. (YOKAANAM, 1954, p. 36)

Não é objetivo deste livro analisar o teor dos questionamentos de Yokaanam (1954) ao Espiritismo ou a outras religiões, mas demonstrar as ideias propagadas a seus discípulos umbandistas, contextualizadas dentro de um período histórico em que a Umbanda entra em forte fluxo ascendente nos grandes centros urbanos — segundo Ortiz (1978, p. 56), "por volta de 1952-53 atinge o seu clímax" e passa a ser fortemente reprimida pelo Estado através de batidas policiais.

Ao referir-se à presença de práticas de Espiritismo dentro do Catolicismo, o *Evangelho de Umbanda* (1954, p. 37) afirma que:

> Todos sabem que o Espiritismo já existia entre as castas religiosas antigas, com a diferença de que naquele tempo o Espiritismo, a prática da mediunidade, pela sua responsabilidade, só era permitida aos grupos privilegiados, sacerdotes, hierofantes, instrutores, etc., devido ao preparo que reclamava a responsabilidade de se entender o homem com os guias e mestres, sem profanar os conhecimentos adquiridos. E aí está a razão oculta e verda-

deira pela qual era proibido evocar os mortos ao vulgo, porque era considerado um perigo, uma vez, naquele tempo, ao alcance da mão criminosa dos homens de então.

Ao referir-se ao Candomblé, os intelectuais umbandistas da Fraternidade Eclesiástica Espiritualista Universal os chamavam de "africanistas", preocupando-se em serem reconhecidos e legitimados em oposição a estes, que, segundo os umbandistas, infiltravam-se em sua religião, confundindo os desavisados e maculando a Umbanda como se esta fosse uma religião primitiva.

> Os "caboclos" e "pretos-velhos" de Umbanda, assim, diferem astronomicamente das entidades africanistas, notadamente pelo desinteresse absoluto às recompensas sempre ruinosas [...]
>
> Por isso mesmo, não praticam em Umbanda verdadeira qualquer ritual contrário aos princípios elevados a que se destinam, muito menos matança de animais, despachos nas encruzilhadas, feituras de cabeça etc., para satisfazer interesses mesquinhos e não trabalham em qualquer lugar senão para fazer o bem e ensinar a todos o caminho da renovação, da renúncia, da paciência e da verdadeira caridade, procurando sempre curar os enfermos do corpo e da alma. (YOKAANAM, 1954, p. 71)

Ainda segundo o *Evangelho de Umbanda Eclética*, o templo umbandista muito se assemelha a uma igreja católica, tendo um altar, crucifixo e imagens de santos católicos como a Santíssima Trindade e os patronos da casa, que são guias espirituais como caboclos e pretos-velhos, entidades brasileiras que praticam o bem e a caridade através de transe mediúnico com o objetivo de curar enfermos e expurgar espíritos obsessores atrasados. Nesse templo, há também o uso de uma indumentária própria: traje branco para homens e mulheres. Os trabalhos espirituais acontecem por meio do transe mediúnico sob orientação e doutrina de líderes religiosos devidamente preparados para o sacerdócio.

Os umbandistas dividem os frequentadores da casa de culto em grupos distintos: os que vão à casa para receber ajuda espiritual, mas não pretendem ser da religião;[16] aqueles que procuram a religião no momento da dor e só por isso permanecem nela; os que procuram a religião visando sua promoção pessoal; e, por fim, os que chegam descrentes e vestem a camisa da Umbanda, chegando a tornar-se exímios médiuns. Os médiuns são classificados como obreiros.

No ritual litúrgico umbandista, os médiuns dividem-se em lados opostos — homens e mulheres — e, em sessões de expurgo de obsessores, posicionam-se uns à frente dos outros, com as palmas das mãos encostadas umas nas outras, formando uma corrente vibratória. Também podem ficar em círculo, misturando-se homens e mulheres. Há ainda a presença de incenso com defumadores[17] de caboclos para a abertura dos trabalhos, cânticos e hinos na abertura e no encerramento.[18]

Este livro não pretende cair nas recorrentes expressões Umbanda Branca e Umbanda Preta, como outros autores o fizeram, o branco contrapondo-se ao preto numa sociedade racista, arraigada por resquícios escravagistas de mais de três séculos, é como se fosse o Bem em oposição ao Mal.

No imaginário coletivo, o Mal tem cor e forma. Por herança de uma moral e uma ética cristãs dominantes, ele é simbolizado pelo Diabo, que, por sua vez, tem sua representação simbólica numa figura mitológica do sexo masculino, negro, com chifres, tridente na mão, pés de bode e uma cauda comprida.

16 "Período inicial. Estágio de observação de mediunidade. Período de desenvolvimento. Disciplinas. Estágio em 'descarga' (ou seja, treinamento psíquico de atração e expurgo de obsessores, entidades negativas de qualquer espécie e em qualquer modalidade de trabalho, à mesa ou nos trabalhos umbandistas, sob a assistência vigilante e solícita do guia do médium contra a magia negra ou em serviço de socorro aos sofredores" (YOKAANAM, 1954, p. 79).

17 "Cientificamente está provada a necessidade de purificação dos ambientes onde se cuida de curar os enfermos do corpo. Portanto, não é menos certo que maiores cuidados se deve ter quando se trata da saúde mental do homem. Para qualquer dos dois a ciência hoje reconhece a necessidade de auxílio de agentes químicos de toda espécie, para preservar a vida humana de assaltos destruidores de fontes desconhecidas [...]. Os iniciados e hermetistas diversos desde milênios já conheciam, proclamaram e combateram tais agentes ocultos e por isso se utilizavam, como até hoje o fazem, de ervas medicinais com o fim de expurgar os templos, os ambientes e as pessoas da influência negativa de vibrações ou larvas ou, ainda, entidades, cuja presença nas pessoas ou coisas são prejudiciais à integridade física ou mental". (YOKAANAM, 1954, p. 125).

18 "Eu recebo ordens/de Brahma nas alturas./Senhor do universo/e de todas as criaturas./O mestre Quatro-Luas/no terreiro está/com a Virgem Maria/e seu pai Oxalá./Ele quer paz, caridade, fé e amor/no terreiro de Ogum, Oxóssi e Xangô./Xangô!" (Hino de Licença).

Quando os missionários católicos chegaram a alguns países do continente africano e depararam-se com o culto aos orixás, inquices e voduns (a depender da nação cultuada), presenciaram os assentamentos de Exu e perceberam que alguns tinham antenas pontiagudas na cabeça, cuja função era fazer a comunicação entre o Aiyê (Terra) e o Orum (Céu). Logo satanizaram Exu, associando-o diretamente ao Diabo tão temido pela cristandade e desconhecido dos povos africanos, para os quais tal ser mitológico não existe. Não é preciso muito esforço para entender que essa estratégia objetivava combater, por meio do etnocídio, a religião dos colonizados, convertendo-os à religião dos colonizadores, ora em franco combate após a Contrarreforma católica, por ordem do Concílio de Trento, na Itália do século XVI.

Como já mencionado, embora tenha nascido em 1908, firmando-se na década de 1920 no Rio de Janeiro, seu *status* de religião foi reconhecido pelo IBGE somente na década de 1960 e, mesmo assim, a Umbanda continuou sendo perseguida pelo Estado brasileiro, apesar de, em seu nascedouro, pretender ser uma religião brasileira, urbana e moderna — uma religião de todos.

Na prática, a Umbanda foi absorvendo outras influências religiosas, diversificando-se conforme as regiões do país. Ainda no Rio de Janeiro e em São Paulo, até por ser uma religião de trabalhadores urbanos, moradores dos subúrbios, aproximou-se da Macumba carioca, transformando-se num misto de Umbanda com Candomblé. Vale lembrar que o Candomblé chegou ao Rio e a São Paulo depois da Umbanda, como ocorreu em quase todo o restante do país, tendo ficado por muito tempo arraigado à Bahia e a Pernambuco. Em Brasília, na década de 1960, nasceu a Umbanda Candanga; e na Paraíba, em 1960, surgiu a Umbanda Cruzada com o Nagô Recife, com forte influência do Omolocô. A seguir, será abordada a prática umbandista realizada na Paraíba.

Quanto ao local do culto — o terreiro de Umbanda, como é conhecido —, este livro toma por base a descrição etnográfica do terreiro de Mãe Rita Preta. Exceto pela *Tenda de Pai Tertuliano*, no bairro do Cristo, em João Pessoa, onde se pratica a Umbanda originária do Rio de Janeiro quando de seu nascimento, todos os terreiros de Umbanda paraibanos têm o mesmo padrão do *Terreiro de Umbanda Caboclo José de Andrade*, de Mãe Rita Preta, mudando apenas a decoração, variando as imagens e os quadros dos guardiões protetores de cada casa, além do traço arquitetônico, a depender da condição social de cada sacerdotisa ou sacerdote.

As sessões umbandistas são realizadas no salão do terreiro, sob a orientação da mãe ou do pai de santo, onde se inicia fazendo a oferenda de Exu. O padê é uma comida feita geralmente com farofa, azeite de dendê, pimenta etc. Colocam-se os ingredientes num alguidar, acende-se uma vela (pode ser preta, vermelha — cores de Exu — ou mesmo branca) e coloca-se uma garrafa de cachaça na mina (assentamento) de Exu, que geralmente fica no centro dos salões dos terreiros de Umbanda. A mãe ou pai de santo reza (canta) para Exu e os filhos e filhas respondem à reza ao som de instrumentos percussivos: ilus, agogôs, triângulos, maracás, etc. Em seguida, a comida de Exu é despachada na rua. Estão abertos os trabalhos e os caminhos. Exu é o senhor de todos os caminhos, por isso, pede-se permissão a ele, que tem a função de mensageiro entre os dois mundos.

Reza-se para a abertura da gira e, em seguida, para cada orixá, geralmente nesta ordem: Exu, Pombagira, Ogum, Odé (Oxóssi), Omolu, Nanã Buruquê, Iansã, Xangô, Oxum, Ibêjis (erês, crianças), Iemanjá e Oxalá. Depois, fecha-se a gira.

Durante as rezas, os médiuns entram em transe com os mensageiros (caboclos) dos orixás que dançam e saúdam os iniciados na religião. O incenso[19] também é presente no início da sessão, e as entidades não fumam nem bebem, salvo os exus e as pombagiras, ainda no início.

Embora a caridade seja o princípio norteador da Umbanda, é muito comum que mães e pais de santo façam da religião seu meio de sobrevivência. Não é preciso muita análise para entender que as religiões afro-brasileiras sempre estiveram relegadas à marginalização social, desde a condição de escravos do povo africano no Brasil até os dias atuais.

Ainda nos períodos Colonial e Imperial brasileiros, era comum que as sinhazinhas procurassem os trabalhos de Encantaria de suas escravas para

---

19 "Estou defumando, estou incensando/a casa do meu bom Jesus da Lapa/a casa do meu bom Jesus da Lapa/Nossa Senhora defumou seu bento filho/Para cheirar/E eu defumo este terreiro/ Pro mal sair e a felicidade entrar" (Domínio público).

alcançar algum fim, como pode ser visto no trabalho de Gilberto Freyre (2004), *Casa-grande & Senzala*. A discriminação excludente dos religiosos afro-brasileiros em muito contribuiu para que eles fizessem um comércio de suas religiões. Há também pessoas que se infiltram nas religiões afro-brasileiras e se apropriam de alguns conhecimentos, os quais, logo distorcidos, transformam-se em fonte de sobrevivência. São os famosos charlatões disfarçados de mães e pais de santo, que "trabalham" com cartas, tarôs, búzios, bolas de cristal e outras coisas. Alguns são falsos curandeiros que conduzem rituais sinistros — que recebem o nome de magia negra —, e são logo associados às religiões afro-brasileiras. Esse charlatanismo ajuda a engrandecer as fileiras das igrejas neopentecostais, que massacram diariamente, ao vivo e na mídia, as religiões afro-brasileiras, chegando a nomear as mães de santo como "mães de encosto" e a associar as divindades africanas a espíritos atrasados e zombeteiros.

2.3 A Umbanda paraibana (1966-2010)

O ano de 1908 é considerado o marco zero da fundação da Umbanda pelo Caboclo das Sete Encruzilhadas, do médium Zélio de Moraes, no Rio de Janeiro. A Umbanda paraibana nasceu, oficialmente, mais de meio século depois, sob o signo da repressão policial e da luta de classes.

Embora o corte espacial deste livro limite-se à Grande João Pessoa, o culto da Jurema e, posteriormente, a Umbanda irradiaram-se por todas as microrregiões paraibanas. Já o trabalho de Assunção (2006) faz o percurso inverso ao estudar a Umbanda cruzada com a Jurema no sertão nordestino, a exemplo da pesquisa de Mário de Andrade (1934) sobre o Catimbó nordestino.

Com a finalidade de contribuir na reconstrução histórica da Umbanda paraibana, foram escolhidos como fonte de depoimento sacerdotisas e sacerdotes da Grande João Pessoa: Mãe Marinalva e Pai Osias, de João Pessoa e Mãe Laura e Mãe Rita Preta, de Santa Rita. Mãe Marinalva e Mãe Severina de Chico Diabo, que foi sucedida por Pai Osias, iniciaram-se na clandestinidade e foram os primeiros a abrir terreiro e a tocar ilus no estado, assim que terminou (e mesmo antes) a proibição aos cultos afro-brasileiros.

São os precursores da Umbanda paraibana, junto de outros sacerdotes e sacerdotisas que ainda se encontram entre nós e outros que já morreram. Segue depoimento de Mãe Laura de Oyá:[20]

> Comecei a ser mãe de santo em 1948. Comecei como mãe juremeira porque aqui não existia Umbanda, aqui tudo era Jurema. Comecei aqui mesmo, na Rua Santo Antonio [bairro popular de Santa Rita]. No começo, era na outra casa, na frente. Quando cheguei pra morar aqui, não tinha água encanada, nem energia. Era um deserto só. Aí a gente ficava cantando os pontos bem baixinho, com velas acesas, batendo palmas. Isso com a porta fechada e um espião observando se a polícia vinha. [...] Quando tinha um trabalho mais pesado, a gente ia pra mata da Usina São João, lá a gente fazia um Toré de Caboclo, eles pulavam, dançavam à vontade. Assim era bom. Meu pai de santo foi o mestre Carlos Leal Rodrigues, fundador da Umbanda na Paraíba. Assim que João Agripino liberou os cultos, eu tirei minha licença e abri meu terreiro...

O depoimento de Mãe Laura de Oyá, ao se referir ao início de seu sacerdócio, em 1948, período de forte repressão policial aos cultos afro-brasileiros, remete ao trabalho de Reis (1988), "Magia Jeje na Bahia: A invasão ao Calundu do Pasto de Cachoeira, 1785", artigo no qual analisa um dos primeiros documentos sobre a religiosidade escrava no Império brasileiro de que se tem registro. A escassez de material deve-se principalmente ao fato de o Ministro da Fazenda, Ruy Barbosa, por força de decreto, em 14 de dezembro de 1890, ter destruído grande parte da documentação escrita para evitar que a "mancha da escravidão" deixasse vestígios. Felizmente, Nina Rodrigues (1900) recuperou e registrou muita coisa, próximo ao fim da escravidão. Segundo Reis (1988, p. 72):

> conta Carneiro na década de 1940 [...] que os membros de terreiros [...] escondiam com cuidado seus atabaques para evitar o seu confisco pela polí-

20 Mãe Laura de Oyá é ialorixá do *Templo de Umbanda Mamãe Aloyá*,
    fundado oficialmente em 1966, na Rua Santo Antonio, em Santa
    Rita. Entrevista concedida ao autor em setembro de 2008.

cia. Essa adaptação ritual a um ambiente repressivo provavelmente tinha uma longa história. O atabaque muitas vezes foi visto não só como instrumento de rituais religiosos ou de acompanhamento de inocentes batuques, mas como instrumento de revolta.

O depoimento de Mãe Laura de Oyá, ao referir-se à localidade do terreiro, "Quando cheguei para morar aqui não tinha água encanada nem energia. Era um deserto só", mostra que os templos religiosos afro-brasileiros sempre estiveram presentes nas periferias das grandes e pequenas cidades. De acordo com Reis (1988, p. 81):

> O Calundu de Cachoeira certamente não se localizava no centro da vila — a Rua do Pasto ou Pasto, como o nome indica, devia ficar no limite entre o urbano e o rural [...]. Ele não estabelece a ruralidade dos terreiros, e é verdade que estes sobreviveram nas periferias urbanas, entretanto, mais do que "guardada", a tradição africana foi sobretudo exposta socialmente [...] Nas cidades, o toque dos atabaques chegava longe aos ouvidos de seus habitantes.

Muitos terreiros de Calundu e Candomblé da Bahia surgiram no limite entre o urbano e o rural. Não foi diferente com os terreiros de Umbanda e Jurema das demais regiões do país, que também emergiram nesses espaços — hoje, a maioria deles está situada nas periferias urbanas. Mãe Laura, como as demais mães e pais de santo, é exemplo de resistência dentro do processo de crescimento das cidades.

A repressão imposta pelo Estado às religiões afro-brasileiras se alastrou desde o Período Colonial (1500-1822), passando pelo Império e atravessando os meandros da República. Na Paraíba, especificamente, foram os juremeiros e, por curto período, os umbandistas que sofreram perseguição policial. Negrão (1994) remonta com precisão parte da história desse processo e o das intervenções das federações. Em 1941, por ocasião do I Congresso Nacional de Umbanda no Rio de Janeiro, surgiram as primeiras federações umbandistas.

A Umbanda praticada na Paraíba tem influências da nação Nagô Egbá do Candomblé pernambucano, a partir da década de 1950, quando de seu nascimento e estendendo-se até os dias atuais, prevalecendo assim um misto de Umbanda com Candomblé em todo o território, salvo a *Tenda de Pai Tertuliano*, na Torre, em João Pessoa, que trabalha com pretos-velhos e caboclos e não tem ritos iniciáticos, a exemplo da Umbanda Tradicional.

Em João Pessoa, o terreiro de Umbanda mais antigo é o da ialorixá Mãe Marinalva, que foi a primeira a abrir um terreiro de Umbanda no estado, o *Centro Espírita São Jorge*, em 13 de maio de 1960, durante o período de repressão policial aos cultos afro-brasileiros. Ela registrou seu terreiro em cartório antes da liberação dos cultos em 1966, em ato publicado no *Diário Oficial* do estado.

Entre as décadas de 1940 e 1960, existiam diversos centros espíritas na Grande João Pessoa, e mesmo no interior da Paraíba, todos funcionando como mesa branca, desenvolvendo trabalhos de consultas espirituais e, eventualmente, cultos de Jurema Batida (com instrumentos percussivos) nas matas. Em raríssimos casos, as juremeiras e juremeiros "batiam ilus" em suas casas, contando com a observação de alguns filhos e filhas, que avisavam quando da chegada da polícia.

Marinalva Amélia da Silva, a Mãe Marinalva de Ogum, nasceu em 17 de junho de 1935, em João Pessoa. Como perdeu a mãe muito cedo, foi morar com o pai na Bahia, no Sítio Tucano, a quatro quilômetros de Salvador. Lá, o pai casou-se com uma mãe de santo chamada Maria Salomé. Sob a influência da madrasta, Mãe Marinalva iniciou-se na Jurema aos 12 de anos de idade e na Umbanda com Nagô aos 15. Casou-se aos 20 anos, mudando-se novamente para a Paraíba, onde abriu uma casa religiosa em Bayeux. Mais tarde, mudou-se para o bairro de Miramar, depois para os de Mandacaru, Beira Rio, Costa e Silva e Castelo Branco. No ano de 1980, morou dois anos no Rio de Janeiro.

No Rio, Mãe Marinalva abriu uma casa religiosa apenas para cuidar de seus filhos de santo, tendo iniciado 11 filhas e filhos nesse período. Voltou para João Pessoa em 1982. Segundo ela, fez iaô de aproximadamente 114 pessoas e perdeu as contas de quantos boris e assentamentos fez em seus 50 anos de sacerdócio. Na entrevista, cita alguns de seus contemporâneos da Jurema nas décadas de 1950 e 1960: Pai Moisés e Mãe Zefinha, da enseada do Cabo Branco; Pai Valdevino, dos Expedicionários; Mãe Maria do Peixe (falecida em 2010, durante a elaboração do trabalho que deu origem a este livro); Mãe Severina de Chico Diabo, Sebastião Gama, Miliano e Manoel Medeiros, da Torre; Mestre Carlos Leal Rodrigues, de Tambauzinho; Mãe Beata, do Cristo; Mãe Dina, do Centro; Mãe Joana e Pai Dudu, de Bayeux; e Mãe Rita Preta (ainda viva), de Santa Rita.

A mudança de Mãe Marinalva de Miramar — bairro de classe média próximo à orla marítima pessoense — para o bairro de Mandacaru, na periferia da capital, deveu-se ao processo de modernização das cidades brasileiras no século xx.[21] Na entrevista concedida no dia 5 de agosto de 2010, ela nos revelou que em Miramar só existiam três casas com portas e cobertura de palha, dentro do mato.

Sobre essa prática de migração dos terreiros para os espaços periféricos, Parés (2006) faz referência a um importante terreiro surgido nas primeiras décadas do século xx em Salvador, a *Cacunda de Yayá*. O autor (2006, p. 256) fala sobre mudança geográfica:

> A Cacunda de Yayá foi fundada inicialmente no bairro de Sussuarana, em Salvador, em 6 de janeiro de 1920. Depois, quando o governo expropriou as terras, foi transferida para São Caetano.

Nas terras onde estava situada a *Cacunda de Yayá*, foi construída uma rodovia por cima do terreiro. O mesmo aconteceu com o *Terreiro de Umbanda Ogum Beira-Mar*, de Mãe Marinalva, para a construção da Avenida Beira Rio, que liga o centro da cidade às praias, comprovando a teoria de Reis (1988) de que as edificações dos terreiros sempre estiveram marginalizadas dentro das cidades. Segundo Mãe Marinalva, a avenida desorganizou sua vida: a princípio, ela não foi indenizada, mas procurou a Prefeitura de João Pessoa e recebeu Cr$ 14,00 (catorze cruzeiros), dinheiro com o qual comprou um terreno em

---

21 Sobre o processo de modernização das cidades brasileiras no século xx, destaca-se a culminância do "desenvolvimento civilizatório" imposto pelo Estado brasileiro como forma de ordenamento e higienização, devido a uma rebelião surgida nos morros cariocas, em 1904, durante o governo do Presidente Rodrigues Alves, a "Revolta da Chibata". Na Paraíba, destacam-se os trabalhos de Ana Maria de Souza Farias, *Urbanização e modernidade: a construção do espaço urbano de João Pessoa (dos anos 1920 aos 1970)*, e Valdir Lima, *Notícias da cidade: do rótulo à violação dos direitos humanos (1989—2000)*, com o capítulo "Das memórias às imagens: os bairros populares de Santa Rita, PB (1920-2002)".

Mandacaru e onde construiu sua casa e seu terreiro. Até hoje, Mãe Marinalva sonha em voltar para Miramar, onde os filhos nasceram. Ela vive atualmente no bairro Castelo Branco e está a frente do terreiro *Ogun Beira-Mar*.

A Cruzada Federativa de Umbanda e Cultos Afro-Brasileiros, representada por seu presidente Wolf de Oliveira Ramos, homenageou Mãe Marinalva por seus 50 anos de sacerdócio em 2010. Segue depoimento de Mãe Marinalva sobre o processo de construção da Umbanda paraibana:

> hoje as pessoas estão usufruindo dos frutos da Umbanda, mas eu sei o que passei para que isto acontecesse [...] eu me mudei pro Miramar, só existiam três casinhas de palhas [...] é uma história. Eu vou deixar no meu livro minha história pra todo mundo saber. A velha que era dona da casa disse que me vendia a casa por 13 cruzeiros, porque lá era alugada. [...] Daí chegou uma menina de Campina Grande para ser cuidada, ela estava obsediada. Eu passei oito dias tratando da menina. Quando terminou, um senhor veio de carro buscar a menina e disse: "Dona Marinalva, quanto é que lhe devo?", e eu disse: "Você não me deve nem um tostão." [...] Ele colocou a mão no bolso e me deu 13 cruzeiros e disse: "Pronto, tá aqui, para a senhora comprar de velas." [...] Dona Zefinha me cobrou apenas 12 cruzeiros pela casa e disse que eu comprasse o restante de velas. [...] Eu fiz tanta coisa com esse dinheiro, comprei tanta coisa.

A caridade, traço fundamental para a evolução espiritual dos umbandistas, pode ser vista no trecho do depoimento de Mãe Marinalva, quando indagada pelo pai de uma moça obsediada que veio ser cuidada por ela. Segundo Silva (2009, p.59):

> Na Umbanda, afirma-se que a prática da caridade (o cuidar do outro prestando serviço mediúnico) constitui a melhor defesa do sujeito: o médium se expõe aos miasmas, porém faz jus a uma proteção especial dos guias (que em troca cuidam do seu aparelho, se responsabilizando pela sua purificação) e ganha um crédito precioso para a evolução espiritual. Assim, a própria mediunidade pode caracterizar-se como um dom e uma aflição: um dote ambíguo que o portador controla cuidando de outros aflitos.

Por muito tempo, a caridade oriunda dos centros espíritas permeou a Umbanda, como ocorre até os dias atuais. Contudo, em algumas casas as consultas passaram a ser cobradas, ora para a mera manutenção dos templos, ora como forma de sobrevivência de mães e pais de santo, historicamente excluídos da sociedade.

No caso de Severina Chico Diabo, da Torre,[22] citada anteriormente como contemporânea de Mãe Marinalva, acontece uma raridade na sucessão sacerdotal. É perceptível nas religiões afro-brasileiras que, em alguns casos, após a morte da matriarca ou do patriarca, a casa feche as portas por falta de uma sucessão e, geralmente, sua família biológica logo vende o templo, acabando, assim, com a memória religiosa afro-brasileira.

Nos últimos anos, algumas federações têm se preocupado em orientar as sacerdotisas e sacerdotes a registrarem seus terreiros como instituições religiosas para que essas casas não venham a ser comercializadas após sua morte, podendo ser transformadas em fundações ou em espaços de memória. Segue um depoimento de Pai Osias sobre Severina Chico Diabo:

> A história dessa casa começou com a senhora Severina Felix, minha sogra e sacerdota [sic]. Ela veio de Santa Rita pra cá e abriu barracão. [...] Minha sogra, quando muito nova, foi para o Acais para tirar o visto, o certificado. Ela foi fazer o tira-teima[23] com Maria do Acais na mesa e Flósculo [...]. Agora o que eu reflito hoje é que essas pessoas, sem ter conhecimento, se consideram "embaixadores da Jurema". Eu não aceito essa estória [...] Me iniciei em 1970 e foi nesse tempo que Deus chamou ela. A casa passou um ano fechada. Fui procurar minhas raízes, o pai de santo dela, de Pernambuco, Bibi da Sapucaia. Meus irmãos abandonaram a casa. Da raiz inicial

---

22 Mãe Severina Felix abriu o *Templo de Umbanda Santa Bárbara* na década de 1960, embora praticasse Jurema de Chão e de Mesa desde a década de 1950. Recebeu o apelido de Severina Chico Diabo porque o sogro dela era maquinista do trem que ia de Santa Rita a Cabedelo. Como ele bebia e era valentão, ao ouvirem o apito do trem, as pessoas diziam: "Lá vem Chico Diabo", daí o apelido se estendeu a sua nora.

23 Tira-teima era uma espécie de sabatina feita com as entidades que o médium recebia, com perguntas e respostas sobre segredos e histórias que só os consulentes sabiam, para testar a autenticidade da incorporação. Só após submeter as entidades de um médium a uma série de perguntas e respostas, que iam desde a história daquela entidade até segredos espirituais, é que o médium conseguia licença para trabalhar e suas entidades podiam atender as pessoas.

> só tem eu aqui. [...] Ela pediu muito, antes de morrer, que eu não deixasse que acabasse e nós continuamos. [...] E eu digo sempre: "Nunca chego aos pés da minha sacerdota [sic]".[24]

Ao declarar que o *Terreiro de Umbanda Santa Bárbara* passou um ano fechado após a morte de sua fundadora, Pai Osias nos explicou que, entre os motivos para isso, estavam sua necessidade de pesquisar as raízes, os fundamentos da casa — por isso, foi em busca de sua ancestralidade no Recife, com o pai de santo Bibi da Sapucaia —; o afastamento brusco dos filhos de santo iniciados por Mãe Severina; e, por último, o caminho que Xangô, seu orixá, lhe deu: o de preparar-se para assumir, até o fim, um sacerdócio por sucessão.

2.4 A estrutura umbandista e a presença de Exu

> E — ibaraboo — Abo —mojuba — erubage[25]
> Abo — Abo- mojuba
> Amade — korile — Barabo
> Abo — mojuba
> Elebara — Agolonan
> Baraboo — Abo — mojuba — erubage
> Baraboo — Abo — mojuba — erubage
> Amade.

Não é possível falar em religiões afro-brasileiras sem reservar um espaço específico para Exu. Sendo um orixá de ancestralidade milenar, ele figura no panteão iorubá e também é cultuado nas nações Banto e Jeje. Podemos

---

24 Pai Osias Gomes dos Santos, atualmente com 64 anos. Entrevista concedida ao autor no dia 7 de agosto de 2010, no *Templo de Umbanda Santa Bárbara*, na Rua Caetano Filgueiras, 499, Torre, em João Pessoa, PB.

25 *Abo, Amade* e *Barabo* têm o mesmo sentido, por serem os nomes pelos quais é conhecido Abo, o "deus do segredo". O significado do cântico, em "linguagem antiga", é o de solicitar a essa divindade que "feche os caminhos aos curiosos". Conta-se que, entre seus poderes, está o de fazer uma pessoa tornar-se invisível (RIBEIRO, 1978, p. 79).

afirmar que é o orixá mais controverso de todos. Sendo um aboró (orixá masculino), ele traz em si a função da reprodução humana, do amor, sendo geralmente representado por um falo (órgão sexual masculino) esculpido em amuletos de madeira ou barro, ou por um bastão com a ponta em forma fálica e cabaças na base (ogó). É o orixá da comunicação entre o Orum e a Aiyê, estando assim na função de mensageiro entre os humanos e os orixás.

Exu é o primeiro orixá a ser cultuado, para quem primeiro se reza[26] e se dão oferendas, tanto no Candomblé quanto na Umbanda. Isto não é feito para apaziguar sua ira ou prevenir suas intempéries, como muitos propagam até os dias atuais, tornando sua imagem negativa, mas por Exu ser o princípio da comunicação e a própria movimentação. Logo, é quem primeiro recebe para levar a mensagem aos orixás, para estes virem à Terra e celebrar com os fiéis. Ele também tem a função de conservar o axé, força vital e divina dos orixás. Alguns autores consideram-no um ser totalmente mau (DOPAMU, 1990), enquanto outros potencializam sua ambivalência. São muitos os títulos dados a Exu.[27]

A relação que os adeptos do Candomblé e da Umbanda cruzada com Candomblé têm com Exu não é uniforme. No Candomblé, Exu é um orixá e pode ser o dono do ori (cabeça) das pessoas, ou seja, pode ser pai. Na Umbanda cruzada com Candomblé, que é aquela com a maior quantidade de terreiros na Paraíba, Exu é uma entidade que atua na esquerda. Para os umbandistas paraibanos, Exu é pouco ambivalente, atuando mais para o mal e, por isso, muito temido. Valente (1976, p. 127), em seu trabalho sobre o sincretismo afro-brasileiro, faz as seguintes considerações sobre Exu:

> Por isto, é Exu, nos xangôs em que é considerado como demônio, festejado no dia de S. Bartolomeu. Como divindade maléfica, é utilizado para fazer os "despachos" ou *ebós*, que são trabalhos ofensivos a alguma pessoa ou coisa.

---

26 Um exemplo de reza: "Exu — adjo — oman kewa ô odara — laroiê — Exu — adjo — oman kewa ô odara — baba ebó". Significa "O deus Exu marcou um encontro; bem, isso nos agrada".

27 "Entre os muitos nomes ou títulos honoríficos de Exu, destacamos: *Logemo Orun*: Indulgente filho do céu; *A N'la Ka'lu*: Aquele cuja grandiosidade se manifesta em plena praça; *Pápá Wàrà*: Aquele que apressadamente faz com que as coisas aconteçam de repente; A Túká Ma Xe Xa: O que ele quebra em pequenos pedaços jamais poderá ser reconstituído." (MARTINS; MARTINS, 1995, n.p)

Ao contrário da afirmação de Valente (1976), de que são ofensivos e maléficos, os despachos ou ebós são oferendas aos orixás e às entidades feitas pelos adeptos das religiões afro-brasileiras e ameríndias. *Despacho* é um termo que se tornou pejorativo para os ebós arreados (depositados) geralmente após eventos festivos e para várias outras ocasiões, como: promover cura física e espiritual, conseguir emprego, encontrar pessoas desaparecidas ou simplesmente em agradecimento aos orixás e às entidades. Os ebós são arreados nos pontos de força dos orixás e das entidades (matas, rios, marés, pedreiras, encruzilhadas, linhas férreas etc.). No caso de Exu e Pombagira, essas oferendas são depositadas em encruzilhadas, pois Exu é o orixá responsável pela movimentação do sistema e é o senhor dos caminhos; sendo a encruzilhada a representação do encontro de todos eles e o ponto para onde confluem todas as energias. Isto não quer dizer que se trate de trabalhos maléficos ou demandas.

Capone (2004, p. 170), em *A busca da África no Candomblé*, faz um rico percurso etnográfico pelas religiões afro-brasileiras no século xx na busca das origens perdidas da África e sobre a figura de Exu. Nesse trabalho, traz também depoimentos de candomblecistas convertidos da Umbanda:

> no discurso dos médiuns que "recebem" os exus e pombagiras de Umbanda e são iniciados no Candomblé, sempre transparece um conflito latente entre os espíritos — os escravos — e seus donos. Assim, ao falar de sua pombagira (Maria Mulambo), Maria Auxiliadora de Xangô, da nação Jeje, sublinha a rebelião dos espíritos contra os orixás e seu poder.

Seguem então as controvérsias. A função da Umbanda enquanto religião espírita é praticar a caridade por meio da doutrina espiritual dos desencarnados para que estes caminhem para a luz. Assim, os médiuns devem incorporar espíritos para a prática da caridade a quem os procurar, contribuindo, desse modo, para uma evolução mútua e contínua. Inversamente, algumas pessoas que, em geral, não são das religiões afro-brasileiras procuram as mães e pais de santo — ou até mesmo charlatões e oportunistas que se passam por sacerdotes — na condição de clientes para trabalhos espirituais e, muitas vezes, para fazer o mal ao próximo ou obter algum tipo de vantagem para si. Esses supostos clientes não são simpatizantes da religião por eles procurada e pouco querem saber sobre a mesma; trata-se apenas de uma prestação de serviços.

O caráter de Encantaria, traço característico das religiões afro-brasileiras, aguça, no imaginário coletivo, a possibilidade de destruir o inimigo por meio de forças ocultas, como também buscar amores, separar pessoas, trazer outras para seu convívio, mesmo sem a vontade delas, etc. Segundo Negrão (1994, p. 119):

> A demanda implica no caráter conflituoso da vida cotidiana: há inimigos, há pessoas mal-intencionadas. Não é errado agir contra eles, defendendo-se contra-atacando [...] Assim como o bem que se busca, a cura, a resolução de problemas diversos, deve sê-lo também. Neste clima, todos os pais de santo são "demandeiros" em potencial, decorrendo daí a desconfiança generalizada entre eles.

O comentário de Negrão denota uma visão generalizada sobre as práticas de magia utilizadas por pais e mães de santo de Umbanda cruzada com Quimbanda para fazer o mal ao próximo. Neste livro, discorda-se da afirmação de que "todos os pais de santo são demandeiros em potencial", por estarmos nos referindo às religiões afro-brasileiras e ameríndias, às religiões de práticas heterogêneas, variando de acordo com a região e de vários fatores. Além disso, o termo *demanda* remete a coisas negativas, como: feitiços, trabalhos maléficos, macumba, catiça, pragas, etc., e admitir que todo sacerdote afro-brasileiro é adepto dessas práticas degrada ainda mais a imagem dessas religiões que, historicamente, já são discriminadas.

Como vimos, o perfil socioeconômico das sacerdotisas e sacerdotes das religiões afro-brasileiras, bem como o arsenal de preconceito que eles sofrem, sendo em sua maioria pobres, negros, homossexuais e analfabetos, corroboram a transformação da religião em mercado religioso. Dessa forma, os adeptos da Umbanda e os clientes recorrem aos poderes de Exu para atingir seus objetivos, o que faz com que este se aproxime cada vez mais da figura do Diabo temido e repudiado pelos cristãos. Vejamos o que nos diz Oliveira sobre Exu:

> Não há existência sem Exu porque não há existência sem uma forma cultural que lhe dê sentido. Exu dá sentido ao interligar todos os seres. Os seres são, porque são interligados. [...] Exu está mais para significante do que para significado. Ele, em última análise, é o signo de referência que dá sentido aos outros signos. Mas não é um signo déspota que se comporta como equivalente único de significação nem como modelo único da realidade. Exu é em si mesmo múltiplo. Possui-o não uma regra, mas o mistério — que detona com a regra; possui múltiplas funções [...]. Exu é muitos, por isso pode inventar novas regras e preservar outras. Pode, como o real, ser criativo, devastador, imperativo, compreensivo e até mesmo violento. [...]
> Na cosmovisão africana a mudança é para a inclusão e não para a exclusão. Está excluindo aquele que não aceita e não vive a regra comunitária que tem em Exu a possibilidade para a sua criação. Ou seja, exclui-se aquele que quer excluir outrem. Exu é outrem. É a própria personificação da alteridade. (OLIVEIRA, E. 2003, p. 108)

Podemos constatar que a visão de Eduardo Oliveira sobre Exu, embora ampla e complexa, é apenas uma das muitas trabalhadas por vários pesquisadores das religiões dos orixás. O Exu conhecido do povo africano, cultuado em seu continente e trazido para o Brasil durante a diáspora negra, adorado e temido, é em síntese um orixá, uma divindade mítica. Sua saudação é "Laroiê!", que pode ser traduzido do ioruba como "aquele que é controverso".

Exu não é o criador supremo — este é Olorum. Exu é criatura-criativa, por isso muito importante. Entretanto, Luz (1995, p. 56) faz alusões a Exu Bara como agente fundamental no processo da criação da vida humana na tradição nagô:

> A cabeça (ori) é o centro das atenções dos povos nagô. Segundo a tradição, são os próprios homens que escolhem sua cabeça no Orum antes de descerem para o Ayiê. Em terra, devem sempre fazer oferendas para seus orixás para que mantenham uma cabeça forte, boa e restituam para ela a força através das oferendas, que por sua vez aumentam o axé dos oris. A cabeça, em verdade, é o conjunto de partes complexas deste que é o

membro principal das pessoas, segundo a tradição nagô. A cabeça, apesar de ser a parte mais importante da pessoa, não é autossuficiente. Ela necessita do bom funcionamento de todas as outras partes do corpo para o seu bem-estar. O ori depende muito do orixá responsável pelo interior do corpo, que é exatamente Exu Bara, que significa "o rei do corpo". Ele é o princípio do movimento e circulações das vias internas. Exu Bara é quem encarna no indivíduo e proporciona a este o nascimento. Por isso mesmo, Exu Bara é também responsável pelo bom fluxo do destino pessoal da pessoa. Presente nas cavidades do ser humano, Exu Bara conhece nossas entranhas e conhece nosso destino, juntamente com Ifá, o orixá das adivinhações e da sabedoria.

Por ser o Candomblé uma religião de tradição oral baseada em segredos, o pouco que sabemos sobre seus mitos é o mesmo que uma gota comparada ao oceano do que ignoramos. O antropólogo francês Pierre Fatumbi Verger nos deixou inúmeras contribuições[28] sobre a religião iorubá no Brasil. O pesquisador aportou no país em Salvador, em 1946, e conheceu o Candomblé de Queto por meio do *Ilê Axé Opó Afonjá*, na figura da sacerdotisa Mãe Senhora. Filho de Xangô, Verger foi logo buscar suas raízes no Benin (África), onde se iniciou e pesquisou sobre os mitos iorubás — para mim, ele foi o pesquisador mais importante da religião. A seguir, uma lenda de Exu descrita por Pierre Verger (1997, p. 11):

Exu é o mais sutil e o mais astuto de todos os orixás. Ele aproveita-se de suas qualidades para provocar mal-entendidos e discussões entre as pessoas ou para preparar-lhes armadilhas. Ele pode fazer coisas extraordiná-

---

28 Ver publicações em francês, inglês e português: VERGER, P. The Yoruba High God: a review of the sources. In: *Odu* (University of Ife Journal of African Studies), v. 2. n. 2, Ibadan: University of Ifé, Ilê-Ifé, Oxford University Press. 1966; *Dieux d'Afrique*: Culte des Orishas et Vodouns à l'ancienne Côte des Esclaves en Afrique et à Bahia, la Baie de Tous les Saints au Brésil. Paris: Paul Hartmann. 1954; *Flux et reflux de la traite des nègres entre le golfe de Bénin et Bahia de Todos os Santos du dix-septième au dix-neuvième siècle*. Paris: Mouton & Co et E.P.H.E., 1968; Grandeza e decadência do culto de Ìyàmi Òsòròngà (minha mãe feiticeira). In: MOURA, Carlos Eugênio Marcondes de. *As senhoras do pássaro da noite*. São Paulo: Axis Mundi. 1994; *Orixás*: deuses iorubás na África e no Novo Mundo. Salvador: Corrupio. 1981; *Ewé*: o uso das plantas na sociedade iorubá. São Paulo: Companhia das Letras. 1995.

rias, como, por exemplo, carregar, numa peneira, o óleo que comprou no mercado, sem que este óleo derrame desse estranho recipiente! Exu pode ter matado um pássaro ontem com uma pedra que jogou hoje! Se zanga-se, ele sapateia uma pedra na floresta, e esta pedra põe-se a sangrar! Sua cabeça é pontuda e afiada como a lâmina de uma faca. Ela nada pode transportar sobre ela. Exu pode também ser muito malvado, se as pessoas se esquecem de homenageá-lo. É necessário, pois, fazer sempre oferendas a Exu, antes de qualquer outro orixá. A segunda-feira é o dia da semana que lhe é consagrado. É bom fazer-lhe oferendas neste dia, de farofa, azeite de dendê, cachaça e um galo preto.

Em face ao caráter ambíguo de Exu, na Umbanda paraibana ele não figura como orixá, nem é pai de ninguém (dono do ori). Seu culto é realizado apenas por obrigatoriedade. No início de todo e qualquer ato religioso, é para quem primeiro se reza e dá-se de comer (oferendas). Logo, ele é colocado para fora, "despachado" do terreiro com suas companhias femininas, as lebaras (de acordo com a origem banto), aqui ressignificadas como inzilas, bombogiras, pombogiras ou pombagiras. Tidos como espíritos da rua, das encruzilhadas, das bocas de matas e dos cemitérios, exus são associados à morte na Umbanda, assim como o orixá Omolu (deus das doenças, varíolas, epidemias e, por conseguinte, da saúde).

De acordo as sacerdotisas mais antigas da Paraíba, os exus cultuados na Umbanda são entidades desencarnadas em busca de luz[29] e conforto espiritual. Muitos foram pessoas marginalizadas que transitavam como escórias sociais e tiveram mortes trágicas, assim como as lebaras, as famosas pombagiras, que foram cafetinas, prostitutas, curandeiras e desvalidas. As pombagiras eram boas amantes, como afirmam suas corimas,[30]

29 Diz-se "em busca de luz" aqueles espíritos que estão no mais baixo nível espiritual e que, para evoluir, têm que encontrar a luz, que seria o grau mais alto de evolução, ou o que para os espíritas chama-se de "perfeição".

30 "De manhã cedo quando eu vinha pela rua/ minha vizinha me esperava na janela/ Abandonada, desesperada/ que seu marido estava traindo ela/ Não sabia ela/ não sabia ela/ que o meu amante era o marido dela..." (Domínio público).
     "Bem que eu te avisei/ que você não fizesse essa jogada comigo/ Você jogou no valete/ e eu bati com a dama/ Ó, meu amigo, você não me engana/ porque eu sou Pombagira Cigana..." (Domínio público).

sendo por isso muito solicitadas para trabalhos de Encantaria que favoreçam a vida amorosa das pessoas que as buscam. São simbolizadas, na maioria das vezes, pelas cores vermelho e preto. Quando incorporados, os exus (as entidades, não o orixá) são sisudos, grotescos e sinistros, enquanto as lebaras são animadas, sempre se destacando com suas gargalhadas e requebrados com as mãos na cintura, inclinando-se para trás em movimentos repetidos e frenéticos e girando em torno de si. Nas festas dedicadas a exu e pombagira, geralmente realizadas no mês de agosto, os médiuns que os cultuam confeccionam roupas nas suas cores, oferecem-lhes animais em sacrifício (bodes, cabras, galos, galinhas), dão-lhes charutos, cigarrilhas, uísque, cachaça, champanhe e cerveja, sempre lhes pedindo proteção e abertura de caminho.

Reza uma lenda iorubá que Iemanjá é mãe de Exu[31] e de seu irmão mais novo, Ogum. Um itan[32] explica por que Exu come na rua: em todas as horas de refeição, Exu não se comportava com educação, como deveria, fazendo vergonha a sua mãe quando da chegada de visitantes. Iemanjá tentou repetidas vezes corrigir os maus costumes de seu filho e, por não conseguir, colocou-o de castigo do lado esquerdo da porta de entrada da casa e mandou-o comer na rua. Depois disso, Exu nunca mais quis deixar de comer na rua, tornando-se o guardião das porteiras (Exu Lonã). Essa lenda justifica o fato de a casa de Exu ser sempre construída do lado esquerdo exterior das portas de entrada das casas de Candomblé e Umbanda.

Para os ewe-fons e os jejes, Exu é denominado Elebara ou Leba, além de ser o vodun da comunicação (o vodun jeje corresponde ao orixá dos nagôs). Como entidade, pode ser considerado "escravo" dos orixás, bem como as lebaras femininas são fundidas com as pombagiras na Umbanda.

Os adeptos da Umbanda entendem que exu não é cultuado dentro do peji (altar sagrado), pois não é orixá, sendo chamado de "povo da

31 "Filha de Olokun, Iemanjá nasceu nas águas. Teve três filhos: Ogum, Oxóssi e Exu. Conta a lenda que Ogum, o guerreiro e filho mais velho, partiu para as suas conquistas; Oxóssi, que se encantara pela floresta, fez dela sua morada e lá permaneceu caçando; e Exu, o filho problemático, saiu pelo mundo." Disponível em: https://www.portalafroxe.com.br/index.php?option=com_k2&view=item&id=116:yemanja&Itemid=253. Acesso em: 29 fev. 2020.
32 Itan é o conjunto de mitos, canções, histórias e outros componentes culturais dos iorubás. Eles são passados oralmente de geração a geração.

rua". Agosto, mês no qual Exu é comemorado, é considerado o mês do desgosto, das desgraças, em que tudo o que é ruim pode acontecer. A demonização de Exu pelos cristãos e o pavor sentido por alguns umbandistas reforçam a ideia dos exus como entidades maléficas, soberanas da magia negra, quimbandeiros. Vejamos algumas rezas de encerramento do culto a exu na Umbanda,[33] o que os umbandistas chamam de "despachar exu":

> Pé, pelo pé, Baba Exu já vai embora
> Pé, pelo pé, encruzilhada já te chama
> É cordão de ouro, é de Zambi afora
> Vai Exu para o lado de fora...
> [...] Vai ao ló, vai ao ló, vai ao laruê[34]
> Quem quer Exu, vai ao ló bá,
> Alaruê, alarufan, leva todo o alaruê...
> [...] A festa está melhor lá fora
> Abre as porteiras que Exu já vai embora...

A imagem de exu também foi demonizada: algumas estátuas têm chifres, cauda, dentes de vampiro, asas de morcego, tridente, capa preta e geralmente são pintadas de vermelho. Isso ocorre devido a uma interpretação equivocada dos cristãos ao ver as imagens de Exu na África — o que para eles seriam chifres são, na verdade, antenas, geralmente voltadas para os dois polos da Terra, ou uma voltada para o céu e outra para a terra, representando o elo de ligação de Exu com todos os polos, assim como entre o Céu e a Terra. Termos como *diabo* e *inferno*, pouco a pouco, passaram a fazer parte de algumas corimas cantadas em terreiros de Umbanda e de Jurema cruzada com Umbanda. Os ebós oferecidos a Exu são despachados nas encruzilhadas, nas matas e nas porteiras de currais, visto que, ao lado de seu irmão, Ogum, ele tem a função de abrir os caminhos, o que faz muitas pessoas o asso-

33 Domínio público.
34 No processo de demonização da figura de exu, sua saudação habitual, "Laroiê!", sofreu corruptela na Umbanda para "Laruê!" e virou sinônimo de conflito, briga e confusão.

ciarem a rituais de magia negra. Vejamos algumas rezas que falam da ambiguidade de Exu:[35]

> Exu que tem duas cabeças, e faz sua gira com o pé
> Uma é satanás, eu não quero, a outra é de Jesus Nazaré...
>
> [...] Bota fogo e pega fogo nas caldeiras do inferno,
> Pega fogo e bota fogo nas caldeiras do inferno...
>
> [...] Exu pagão, Exu batizado,
> venha todos dois pra limpar meu reinado...
>
> [...] Tava dormindo na beira do mar,
> quando as almas me chamou[36]
> Me chamou pra trabalhar...
>
> [...] No viaduto de Dois Irmãos,
> Virou um caminhão carregado de cana.
> Seu Toco-Preto gosta de fazer o mal,
> vai fazer um funeral e sepultar Sete Calungas...

Na Umbanda, ao contrário do que muitas pessoas pensam, vigora o monoteísmo. Existe um ser supremo que criou o Céu, a Terra e tudo o que nela existe. Ele pode ser chamado Olorum (para os iorubás), Zambi (para os bantos) ou Deus, dado o caráter sincrético umbandista. Os orixás são forças da natureza deificadas cuja função é auxiliar os humanos na Terra, poupando Deus dessa tarefa. Foi para isso que eles foram criados. Na Umbanda, em que são cultuados caboclos, pretos-velhos e crianças (erês), existem sete linhas vibratórias; segundo Matta e Silva, "cada 'li-

---

35 Domínio público.
36 É comum o caso de discordâncias verbais nas corimas, rezas de Umbanda e Jurema, visto o aspecto da tradição oral e a falta de escolaridade dos primeiros religiosos que compuseram esses cânticos. Mas esse quadro vem sendo modificado pouco a pouco, tendo hoje, nos terreiros, filhas e filhos de santo com escolaridade fundamental e média completa, e até mestres e doutores em diversas áreas.

nha' é composta de sete legiões, dirigidas por sete orixás principais, que não 'descem', isto é, não se manifestam no corpo dos adeptos". Vejamos o quadro a seguir, que apresenta essas sete linhas:

Linha de Oxalá	Linha de Iemanjá	Linha de Xangô	Linha de Ogum	Linha de Oxóssi	Linha das Crianças	Linha dos Pretos-Velhos
Caboclo Ubiratã	Cabocla Yara	Xangô Kaô	Ogum de Lei	Caboclo Arranca-Toco	Tupãzinho	Pai Guiné
Caboclo Ubirajara	Cabocla Indayá	Xangô Sete Montanhas	Ogum Iara	Cabocla Jurema	Ori	Pai Tomé
Caboclo Ubiratã	Cabocla Nanã Buruquê	Xangô Sete Pedreiras	Ogum Megê	Caboclo Arariboia	Iariri	Pai Arruda
Caboclo Aimoré	Cabocla Estrela-do-Mar	Xangô Pedra Preta	Ogum Rompe-Mato	Caboclo Guiné	Doum	Pai Congo de Aruanda
Caboclo Guaraci	Cabocla Oxum	Xangô Pedra Branca	Ogum Malê	Caboclo Arruda	Iari	Maria Conga
Caboclo Guarani	Cabocla Iansã	Xangô Sete Cachoeiras	Ogum Beira-Mar	Caboclo Pena Branca	Damião	Pai Benedito
Caboclo Tupi	Cabocla Sereia do Mar	Xangô Agodô	Ogum Matinata	Caboclo Cobra-Coral	Cosme	Pai Joaquim

Fonte: MATTA E SILVA *apud* ORTIZ, 1991, p. 81-82 (adaptado).

Além das religiões já descritas, existe também a Quimbanda, seita religiosa difundida no Brasil que cultua apenas entidades e espíritos desencarnados considerados atrasados ou involuídos.[37] A Quimbanda é associada à magia negra e, embora seja rejeitada pelos teólogos umbandistas, aproxima-se da Umbanda por também cultuar as entidades chamadas de exu. Ressaltamos aqui a diferença entre o orixá Exu — cultuado desde a África e trazido para o Brasil, quando da formação do Candomblé — e exu entidade, egungum.[38] Para Serra (2001, p. 222-223):

> Ao situar-se no seu universo religioso, os filhos de fé fazem ainda outro recorte, que parece ainda mais problemático. Refiro-me à oposição Umbanda × Quimbanda, de modo invariável traduzida como Linha Branca (ou Linha do Bem) × Linha Negra (ou Linha do Mal). Os quimbandeiros são sempre os outros: os desafetos, os estranhos...
>
> [...] Acredito que quimbandeiro e Quimbanda passaram a simbolizar, numa das vertentes ideológicas constitutivas da religião umbandista, as imagens rejeitadas do negro e de sua cultura: não por acaso se relaciona a Quimbanda com a magia negra e, simultaneamente, com cultos de [...] nações africanas; ou se usa como sinônimos de *Quimbanda* e *quimbandeiro* os termos *Macumba* e *macumbeiro*.

Na Quimbanda, há sete linhas de Exu:[39] Exu Sete Encruzilhadas, Exu Pombagira, Exu Tiriri, Exu Gira-Mundo, Exu Tranca-Ruas, Exu Marabô e Exu

37 O involuído está preso ao Mal. Procura através da força e da guerra eliminar o mal que lhe tenham causado. Na realidade, combate um mal com outro maior. O Estado aplica a pena de morte às pessoas que cometeram crimes hediondos. Em: BIAGI, Sérgio. Disponível em: http://sbgespiritismo.blogspot.com/2008/07/involudo-e-evolvido.html. Acesso em: 25 ago. 2019.

38 Nas religiões iorubás, é o culto secreto aos ancestrais masculinos. Uma vez por ano, ou em ocasiões especiais, são evocados e caminham pelas ruas das cidades abençoando as pessoas e recebendo presentes. Também participaram dos rituais de iniciação no culto a Oyá.

39 Ao falarmos da entidade exu, cultuada na Umbanda, na Jurema e na Quimbanda, evitamos usar termos como "exército demoníaco", "deuses e diabos", "caráter demoníaco" e até mesmo "Exu, o anjo decaído", repetidas vezes utilizados por Ortiz (1991, p. 125-151), dando-nos a tênue ideia da presença de um discurso cristão ocidentalizado em oposição às práticas animistas e fetichistas relatadas por Nina Rodrigues (1900), no século XIX, sobre o Candomblé baiano e o trabalho mais preconceituoso que conhecemos, o de Edir Macedo (2008), líder da Igreja Universal do Reino de Deus, proibido judicialmente por seu caráter discriminatório e difamatório das religiões afro-brasileiras e sobre o Espiritismo, mas liberado posteriormente.

Pinga-Fogo. Entretanto, segundo Matta e Silva (1970), existe uma ligação entre as sete linhas de Exu da Quimbanda e as sete linhas vibratórias da Umbanda, conforme mostra o quadro a seguir:

Correspondência com a Linha de Oxalá	
Exu Sete Encruzilhadas	Caboclo Ubiratão
Exu Sete Pembas	Caboclo Ubiratã
Exu Sete Ventanias	Caboclo Ubirajara
Exu Sete Porteiras	Caboclo Guaraci
Exu Sete Chaves	Caboclo Aimoré
Exu Sete Capas	Caboclo Tupi
Exu Sete Cruzes	Caboclo Guarani
Correspondência com a Linha de Iemanjá	
Exu Pombagira	Cabocla Iara
Exu do Mar	Cabocla Oxum
Exu Maré	Cabocla Iansã
Exu Má-Canjira	Cabocla Sereia do Mar
Exu Carangola	Cabocla Estrela-do-Mar
Exu Gererê	Cabocla Nanã Buruquê
Exu Nanguê	Cabocla Indaiá
Correspondência com a Linha de Xangô	
Exu Gira-Mundo	Xangô Kaô
Exu Pedreira	Xangô Agodô
Exu Corcunda	Xangô Sete Montanhas

Exu Ventania	Xangô Sete pedreiras
Exu Meia-Noite	Xangô Pedra Preta
Exu Mangueira	Xangô Pedra Branca
Exu Calunga	Xangô Sete Cachoeiras
Correspondência com a Linha de Ogum	
Exu Tranca-Ruas	Ogum de Lei
Exu Tranca-Gira	Ogum Iara
Exu Tira-Toco	Ogum Beira-Mar
Exu Tira-Teima	Ogum Matinata
Exu Limpa-Trilhos	Ogum Megê
Exu Veludo	Ogum Rompe-Mato
Exu Porteira	Ogum Malê
Correspondência com a Linha de Oxóssi	
Exu Marabô	Caboclo Arranca-Toco
Exu das Matas	Caboclo Pena Branca
Exu Campina	Caboclo Arruda
Exu Capa Preta	Caboclo Cobra-Coral
Exu Pemba	Caboclo Arariboia
Exu Lonã	Caboclo Guiné
Exu Bauru	Cabocla Jurema
Correspondência com a Linha das Crianças	
Exu Tiriri	Tupãzinho
Exu Mirim	Iariri

Exu Tiquinho	Ori
Exu Ganga	Iari
Exu Lalu	Doum
Exu Veludinho	Cosme
Exu Manguinho	Damião
Correspondência com a Linha dos Preto-Velhos	
Exu Pinga-Fogo	Pai Guiné
Exu Brasa	Pai Arruda
Exu Come-Fogo	Pai Tomé
Exu Alebá	Pai Benedito
Exu Bara	Pai Joaquim
Exu do Lodo	Pai Congo de Aruanda
Exu Caveira	Vovó Maria Conga

Fonte: MATTA E SILVA *apud* ORTIZ, 1991, p. 88-90 (adaptado).

Podemos concluir que todos os estudos já feitos sobre Exu, variando os mitos, o comportamento do orixá ou da entidade, quando incorporados nos médiuns, e as concepções dos religiosos sobre ele, convergem para o entendimento de que se trata de uma divindade ou entidade ambígua, controversa e muito sincretizada.[40]

40　Na Umbanda e na Quimbanda, Exu é sincretizado com Santo Antônio devido ao caráter de guerreiro do santo, como nos informa a seguinte corima: "Santo Antônio pequenino/amansador de touro brabo/quem mexer com meu exu/é melhor mexer com o diabo/rodeia, rodeia, rodeia meu Santo Antônio/rodeia". E ainda: "Santo Antônio de batalha/faz de mim batalhador/não me deixe aqui sozinho Exu Abô, Tranca-Rua e Marabô/meu Santo Antônio de batalha". (Domínio público). É também sincretizado com a morte, visto alguns terem nomes que remetem a cemitério, como Calunga — que significa "mar" ou "cemitério" —, Caveira, Catacumba, etc.

3. CANDOMBLÉ, UMA RELIGIÃO BRASILEIRA

Brasileiro, brasileiro, brasileiro, brasileiro
Sou brasileiro imperador, porque eu nasci foi no Brasil
Sou brasileiro, sim sinhô, eu sou brasileiro, brasileiro imperador
Eu sou brasileiro, brasileiro sim sinhô.[1]

O Candomblé é uma religião de matriz africana. Não podemos em hipótese alguma caracterizá-lo como seita, visto que não nasceu de uma dissidência religiosa. Foram os homens e as mulheres negros escravizados, trazidos de diversas regiões do continente africano, que, ao longo de quatro séculos de tráfico negreiro, entre o Período Colonial e o Imperial, trouxeram consigo o culto ancestral aos orixás para as terras brasileiras.

Quando de sua chegada ao Brasil, o escravizado africano, vítima de etnocídio, foi obrigado a se batizar na Igreja católica e, comumente, a receber o nome de um santo católico. Graças à sua coragem, audácia e sabedoria, o escravizado conseguiu congregar seu culto tradicional às práticas cristãs, o que culminou no sincretismo religioso, no qual cada orixá foi associado a um santo católico, muitas vezes pelo fato de as cores das indumentárias deste serem iguais às dos trajes daquele. Frequentemente, debaixo dos altares onde se veneravam os santos católicos, ficavam escondidos os assentamentos dos orixás com seus ibás,[2] e ali eram discretamente arreadas as oferendas e os ebós.[3]

---

1   Cantiga de Candomblé de Caboclo, da nação Angola (Domínio público).
2   Louça sagrada onde fica o okutá ou otá (seixo) que, ritualisticamente
     preparado, representa o axé (força vital do orixá) da pessoa iniciada
     no Candomblé e no qual são feitos os sacrifícios animais.
3   Ebós são oferendas feitas com comida seca, frutas, com ou sem sacrifícios
     animais, e arreados nas encruzilhadas, matas, rios, marés, praias,
     etc. Têm a intenção de agradar os orixás ou os ancestrais.

Isso acontecia apenas onde os senhores brancos não conseguiam perceber a fusão, assim como muitas vezes não percebiam que as festas realizadas pelos escravos eram, em sua maioria, rituais religiosos. Hoje, podemos chamar o Candomblé de religião afro-brasileira.

No sincretismo entre o Catolicismo e o Candomblé, houve algumas associações entre os santos católicos e os orixás: Oxalá foi associado a Jesus Cristo, por ser o principal orixá; Iemanjá a Nossa Senhora da Conceição (motivo pelo qual ambas as festas, em certas regiões, são comemoradas no dia 8 de dezembro); Ogum foi associado a São Jorge; Oxóssi a São Sebastião; Nanã a Sant'Ana; Oxum a Nossa Senhora do Carmo/da Glória/das Candeias; Iansã a Santa Bárbara/Clara/Joana D'Arc; Omolu a São Lázaro; Xangô a São Jerônimo/João; Ibeji a Cosme e Damião; e Exu foi sincretizado com Santo Antônio.

Em 1983, aconteceu na Bahia a II Conferência Internacional da Tradição dos Orixás e Cultura. Na ocasião, algumas sacerdotisas e sacerdotes de Candomblé tornaram público seu manifesto contra o sincretismo religioso. Segundo a ialorixá Mãe Stella de Oxóssi (*apud* THEODORO, [20--?]a): "Nos tempos atuais, de total liberação, é bom lembrar que estas manobras devem ser abandonadas, assumindo cada um a sua religião de raiz!".

> Quando assumiu o *Ilê Axé Opó Afonjá* (Casa onde Xangô é o Senhor), sucedendo Mãe Ondina, foi a mais jovem ialorixá da Bahia. No entanto, a ascensão de Mãe Stella marca um fato ainda mais importante, qual seja, a continuidade da tradição do matriarcado no *Opó Afonjá*. Além de comandar as tarefas religiosas da comunidade-terreiro, onde vivem mais de cinquenta famílias, Mãe Stella implantou também alguns projetos socioculturais. (THEODORO, [20--?]b)
>
> Mãe Stella foi a primeira ialorixá a escrever sobre sua tradição religiosa e a vida nas comunidades-terreiro, em seu livro *Meu tempo é Agora* de 1993, atualmente esgotado. (THEODORO, [20--?]a)

Existem diferentes significados para o termo *orixá*.[4][5] Apresentaremos, a seguir, uma compreensão do termo por Ribeiro (1996, p. 62-63):

> A palavra *orixá* seria, pois, contração de *Ohun-ti-a-ri-sa* e esse teria sido o início do culto em todo o mundo. [...] Orixá era uma unidade da qual decorreram todas as divindades. Sugere também que o Uno se manifesta no múltiplo e que aquilo que é dividido será um dia reagrupado.
>
> Segundo outra interpretação, a palavra *orisa* seria uma corruptela da palavra *orise*, contração de *Ibiti-ori-ti-se*, ou seja, *origem* (ou *fonte*) dos *ori*, designação do Ser Supremo. Esta interpretação enfatiza a íntima participação das divindades na obra de Deus na Terra. Os orixás são designados por muitos outros nomes, entre os quais, *imale*, palavra talvez originária da contração de *Emo-ti-mbe-n'ile*, que significa seres *supra-normais na terra*.

Os orixás são os regentes da vida e do destino de seus seguidores iniciados no Candomblé brasileiro, assim como nos cultos tradicionais praticados nas terras iorubás da África. O culto aos orixás existe desde tempos imemoriais no continente que deu origem à vida humana. Os orixás representam as forças da natureza: terra, fogo, água e ar, bem como vegetais, minerais etc. Alguns foram fundadores de cidades-estado e dinastias africanas. Nunca morreram; encantaram-se e se transformaram em lagos, rios, terra etc. Então, foram morar no Orum ao lado de Olorum, deus supremo dos nagôs e outras nações.

No Candomblé, na Umbanda e na Jurema existe o rito iniciático. Algumas pessoas aproximam-se dessas religiões geralmente por hereditariedade, isto é, são levadas por algum parente. Outras as procuram quando estão doentes e não descobrem a causa de seus males, sendo orientadas a procurar uma casa de religião afro-brasileira e, então, o babalorixá ou a

---

4 Segundo Fonseca Jr. (*apud* MARTINS; MARTINS, 1995, n.p.): "Orixá = Anjo de Guarda, etimo.: Ori = cabeça, Sa (xa) = guardião — Guardião da Cabeça, Divindade Elementar da Natureza, figura central do culto afro".
5 Segundo Abraham (*apud* MARTINS; MARTINS, 1995, n.p.): "Orixá = Orisá: divindade iorubá separada de Olorum".

ialorixá joga os búzios,[6] por meio dos quais o orixá se comunica e explica, ou mostra sinais, para que o postulante se inicie na religião. Ainda que a pessoa tenha recebido os sinais de que precisa ser iniciada, isso não quer dizer que ela morrerá ou sofrerá algum dano caso não aceite o convite, como muitos acreditam.

Outra forma de ingresso nas religiões afro-brasileiras e afro-ameríndias é a livre e espontânea conversão do fiel por admiração à manifestação do sagrado. Esses casos são em menor número por conta do forte preconceito social.

A pessoa recém-chegada ao Candomblé é chamada de abiã (postulante à iniciação). Após passar pela lavagem do fio-de-contas,[7] poderá ser iniciada — se o orixá pedir a iniciação — ou não.

Os abiãs são leigos, estão em processo de aprendizagem; usam apenas roupas de algodão totalmente brancas e sem nenhum adorno (roupas de ração); sentam-se no chão (pilão) e devem ficar sempre de cabeça baixa (ori baixo) em reverência ao orixá que rege a casa. Nos xirês,[8] participam apenas de determinados momentos, quando acontece a chegada dos orixás através da incorporação mediúnica naqueles que já são iniciados e são chamados de iaôs. Então, os abiãs afastam-se do xirê, sentando-se de cabeça baixa em um canto da parede, dando espaço no salão para que os orixás incorporados executem suas danças.

Depois de algum tempo, por meio do jogo de búzios, o babalorixá ou a ialorixá saberá o momento certo para a iniciação do abiã, mas quase sempre é o próprio orixá que decide o dia e a hora desse rito — quando o postulante passa pelo bolonã (popularmente dito, o abiã "bola no santo").[9]

---

6   O jogo de búzios é uma das artes divinatórias utilizadas nas religiões africanas tradicionais e nas religiões da diáspora africana instaladas em muitos países das Américas.

7   Fio-de-contas é um colar normalmente feitos de miçangas coloridas, de acordo com o orixá, inquice, ou vodum. Cada fio-de-contas tem um significado; por meio dele pode-se saber o grau de iniciação de uma pessoa no Candomblé e a que nação pertence.

8   Xirê é a sequência na qual os orixás são reverenciados ou invocados durante os cultos a eles destinados. É comum empregar-se a palavra *xirê* como sinônimo de *gira*. É também chamado de roda dos orixás.

9   O bolonã é uma das primeiras manifestações de um orixá na pessoa, podendo acontecer de forma bruta e sem qualquer tipo de previsão ou indicação do fato. Geralmente, o "bolar no santo" acontece durante uma festa de orixá. Contudo, não se restringindo às casas de santo, pode acontecer em qualquer lugar e a qualquer

Nesses casos, o dirigente o cobre com um pano branco (se estiver presente algum sacerdote) e ele é carregado para o interior da casa, para um local reservado chamado de roncó (quarto dos orixás); só podem adentrar esse lugar os sacerdotes e as sacerdotisas. Lá, o abiã é desvirado (acordado ou despertado do transe) e comunicado do acontecimento. Se desejar, já permanecerá para a iniciação e os preparos da feitura de orixá ou da cabeça.

Algumas vezes, o abiã volta para casa e a inciação é adiada. Todavia, na maioria das vezes, ao ser acordado, a pessoa recebe um erê e só volta para casa depois de 21 a 30 dias de recolhimento. Tudo é feito com muita festa, alegria e, sobretudo, com muita emoção dos presentes e da comunidade religiosa. Simbolicamente, ao passar pelo bolonã, o abiã está "morrendo" para a vida profana e "nascendo" para o mundo espiritual. Durante todo o período de recolhimento, ele fica totalmente dependente daqueles que estão do lado de fora, como um recém-nascido depende dos pais. Atabaques e cânticos acompanham todo o cortejo de recolhimento, e a casa ganha mais um filho ou filha de santo.

Quando o abiã sabe da iminência de bolar no santo, recebe do babalorixá ou da ialorixá uma lista com todo o material necessário para os rituais de iniciação, que vão desde os tecidos para as roupas religiosas até a alimentação para o período que vai passar recolhido. Muitas vezes, porém, o postulante não tem condições financeiras — ou bolou sem que se esperasse —, nesses casos, o dirigente comunica o fato aos membros da família do abiã, que se reúnem para organizar as compras necessárias. Se a família não tem condições financeiras para providenciar o que for preciso, solicita-se a ajuda de todos os filhos e filhas de santo da comunidade religiosa, além dos vizinhos e amigos do postulante. Um filho ou uma filha de santo que bolou jamais ficará sem fazer sua iniciação, a menos que a pessoa não queira ou que isso não seja do interesse do babalorixá ou da ialorixá da casa.

Após passar pela iniciação, a pessoa deixa de ser abiã e torna-se iaô, denominação dos filhos e filhas de santo feitos, mas que ainda não completaram sete anos da iniciação. Depois da obrigação de sete anos, torna-se um

---

momento. Também é comum que, ao se cantar para determinado orixá, a pessoa seja vítima de tremores e sobressaltos, caindo no chão inconsciente, aparentemente desmaiada. Esse momento é visto como um apelo ou um pedido do orixá à iniciação.

ou uma ebomi (irmã(o) mais velho). Durante esses sete anos, a pessoa vai aprender, oralmente e na prática, as rezas, as cantigas, os preceitos, as receitas das comidas sagradas[10] e os segredos confiados apenas aos iniciados do Candomblé. Além disso, também receberá graduações, chamadas de orôs,[11] que consistem em uma sequência de confirmações feitas com um, três, cinco, sete, catorze e vinte e um anos, a contar da data da iniciação, sendo as primeiras voltadas para o alcance do grau sacerdotal.

Os ensinamentos são passados ao iaô de acordo com o tempo de santo de cada um: o que se ensina a um iaô de cinco anos não se ensina a um iaô de um ano, e daí em diante. Após o orô de sete anos, se o iaô não tiver sido indicado para um cargo na casa de santo da qual faz parte, será consagrado babalorixá ou ialorixá e será candidato a ter sua própria casa de santo, passando a se preparar para isso. Se o iaô for indicado pelo orixá de seu babalorixá ou de sua ialorixá para ter um cargo na casa, será um ebomi, um babalorixá ou ialorixá que não terá casa aberta e viverá sempre na comunidade onde foi iniciado.

Os iniciados que não apresentam nenhum tipo de manifestação física durante o período como abiãs são indicados pelo orixá da casa a terem cargos específicos como ogãs (para os homens) ou equedes (para as mulheres). Muitas vezes, essas indicações acontecem com quem visita a casa pela primeira vez (em alguma festa ou até mesmo em um atendimento) e algum orixá que está incorporado — geralmente o do dirigente ou de algum ebomi da casa — toma a pessoa pelo braço e o apresenta à comunidade como ogã ou equede. Isso quer dizer que aquela pessoa tem um grau de mediunidade diferente e não incorpora entidades, portanto, fica acordado o tempo todo e tem papel importantíssimo na comunidade: o de auxiliar os médiuns que estão incorporados, bem como educar os iaôs e abiãs. Além disso, os ogãs e as equedes têm o poder e conhecem os segredos tanto para fazer o médium virar no santo — aqueles que são virantes[12] —, quanto para desvirá-los (ti-

10 No Candomblé, a culinária possui um papel primordial. As "comidas-de-santo" são pratos da culinária africana, como acarajés, carurus etc., e cada orixá tem a sua comida específica. Durante as festas, elas são ofertadas a eles e, depois, compartilhadas e consumidas pela comunidade.
11 Orô significa "sacrifício". O termo também é empregado quando da realização das graduações de tempo de santo, ou seja, orôs de um, três, cinco, sete anos, etc.
12 Pessoas que têm a faculdade mediúnica da incorporação.

rá-los do transe mediúnico). Os ogãs e as equedes também recebem as mensagens das entidades, quando elas falam, e as transmitem ao médium que estava desacordado durante a incorporação.

No Brasil, os orixás foram divididos por gênero: aborós (orixás masculinos) e iabás (orixás femininos). Cada pessoa tem um orixá, que é o dono de seu ori,[13] e é dele que o indivíduo traz os arquétipos positivos e negativos. Tem também o junto,[14] que é o segundo orixá da pessoa. Há, ainda, um terceiro orixá na regência das pessoas, que pode ser de herança.[15]

Durante os três primeiros anos, o iniciado presta culto e oferendas apenas ao orixá que é dono de seu ori, e é com ele que roda de santo (incorpora). Depois desse período, o babalorixá ou a ialorixá joga búzios para saber se o iniciado também irá incorporar seu segundo orixá, o que pode acontecer ou não; se acontecer, serão feitos todos os preparativos e oferendas para que a pessoa incorpore aquele orixá e passe a cultuá-lo, oferecendo-lhe suas coisas prediletas, como ervas específicas, comidas etc., e incorporando-o em ocasiões diferentes de seu primeiro orixá.

No terreiro de Candomblé, comida, reza, dança e indumentária formam a base fundamental religiosa. Cada iniciado exerce uma função específica, recebendo o auxílio de um babaquequerê ou iaquequerê,[16] que são primordiais nos rituais de iniciação dos iaôs, sempre auxiliando o cargo sacerdotal maior.

Os cargos mudam de nomenclatura de acordo com a nação cultuada, porém, as atribuições são praticamente as mesmas.[17] Um dos cargos de grande importância para a casa de Candomblé é o da iabacê:

---

13 Ori é a cabeça física. Neste ponto, entretanto, a palavra simboliza a cabeça interior, chamada de "ori inu", que consiste na essência do ser e controla sua personalidade, guiando e ajudando a pessoa desde antes do nascimento até depois de sua morte. É, pois, a centelha divina do ser humano. É o ori que recebe de Deus o destino por ocasião do nascimento da pessoa. Um dos nomes de Deus é *Orise*, fonte da qual se originam os seres. Todo ori é originalmente bom, mas está sujeito a mudar ao longo da vida.

14 A palavra *juntó* vem do termo *adjunto*, que quer dizer "algo em aporte; auxílio; junto; do lado".

15 Orixá de herança é aquele que o iniciado no Candomblé herdou de algum parente consanguíneo que faleceu.

16 Babaquequerê e iaquequerê é o mesmo que pai-pequeno e mãe-pequena. É a segunda pessoa na casa de Candomblé

17 Para saber quais são os cargos que formam a hierarquia do Candomblé, acesse a página disponível em: https://pt.wikipedia.org/wiki/Hierarquia_do_candombl%C3%A9. Acesso em: 29 fev. 2020.

O segredo desta culinária é comandado pela guardiã da cozinha, a iaba-cê. Aquela que "muito faz e pouco fala". Quando se fala da sacerdotisa da comida, as formas mais antigas de transmissão do conhecimento trazida pelas diversas etnias africanas vão ser evocadas: a observação e a convivência. E o mestre dos mestres será mais uma vez chamado: o Tempo. O conhecimento ritual, o respeito, a criatividade e o comando, apresentam-se como perfil da iabacê e orientam a sua escolha [...].

A imagem da iabacê apresentada pelos sacerdotes, remonta aos primórdios, quando Olodumarê, Deus, entregou o poder de criar e de tudo transformar às Grandes Mães. A velha que cozinha divide assim o poder ancestral feminino a esta força, assim como todas as mulheres. [...] A iabacê é uma das pessoas que, no terreiro, mais expressa essa força, pois trabalha com ela dia e noite, ao manipular a colher de pau para transformar grãos e alimentar tudo e todos, conservando, recriando e inventando. (CUNHA JÚNIOR, 2006, p. 3-4)

O culto aos orixás foi recriado nas cidades brasileiras a partir de diferentes manifestações. Na diáspora negra, muitos sacerdotes e sacerdotisas africanos continuaram a exercer o sacerdócio em solo brasileiro. As primeiras notícias dessas manifestações religiosas aparecem documentadas por volta dos séculos XVII e XVIII. Sobre o Calundu, Farias et al. (2006, p. 125) considera:

De um modo geral, os calundus eram reuniões festivas em que os negros — ao longo do século XVIII — dançavam inspirados pelo som de seus tambores. Ali cultuavam seus deuses, realizavam-se rituais de cura e adivinhações. Não raro, um ou outro frequentador entrava em transe. [...] Ao longo dos anos, cada vez mais pessoas seriam atraídas para essas práticas religiosas reinventadas nas cidades e também nas áreas rurais.

Como podemos perceber, uma das primeiras denominações dadas às religiões negras no Brasil, na Bahia, foi Calundu. Além disso, algumas fontes também mencionam os Batuques do Rio Grande do Sul. No século XIX, era recorrente o uso do termo *batuque* para denominar o culto festivo realizado por pessoas negras escravizadas e libertas. O Batuque é, ainda hoje, a religião dos orixás para os gaúchos. Sobre os primeiros candomblés, Farias et al. (2006, p. 126-127) nos fala:

> Já nas primeiras décadas do século XIX, temos as primeiras referências aos famosos candomblés. Em 1826, africanos e crioulos ligados ao levante iniciado no quilombo do Urubu, nos arredores de Salvador, refugiaram-se numa "casa a que se chama de candomblé". Nessas casas religiosas, como nos calundus do século XVIII, cultuavam seus deuses.

Na África, o culto era particularizado, ou seja, cada região ou tribo africana cultuava uma única divindade. Em cada aldeia ou comunidade existia um culto ancestral. Já no Brasil, com o involuntário agrupamento de escravos vindos de diversas regiões do continente africano, o culto aos ancestrais passou a ser coletivo, fundindo costumes e crenças das várias regiões. Surgiu assim o alicerce do Candomblé, com seu panteão de orixás para os nagôs do Queto, os voduns para os fon do Jeje e os inquices para os bantos da Angola. A Cabula, o Batuque, o Maculelê e o Jongo são manifestações culturais surgidas a partir desses escravos e ex-escravos que, pouco a pouco, semearam o solo sagrado candomblecista. Mesmo as divindades africanas sendo cultuadas no Brasil, desde o século XVI, com a chegada dos primeiros negros escravos, o termo *candomblé* data do século XIX, como nos informa Reis (1988, p. 60-61):

> certamente quem mais enfrentou a poeira dos arquivos foi Pierre Verger. Salvo engano, foi ele quem primeiro observou a novidade do termo *candomblé* num documento de 1826. Antes dessa data, em todo o Brasil, o termo mais comum para as práticas religiosas coletivas de origem africana parece ter sido *calundu*, uma expressão angolana. Outro termo recorrente é o *batuque*, mas aqui rituais religiosos e divertimentos seculares se confundem.

O Candomblé nasceu na Bahia. Em 1830, surgiu a *Casa Branca do Engenho Velho*, fundada pelas ialorixás Dêta, Kalá e Nassô, dando-lhes certa oficialidade e visibilidade em um período no qual ainda havia muita persegui-ção. Nos primórdios, apenas as mulheres eram iniciadas, o que, de certa forma, explica a tradição e a força do matriarcado. Prandi (2007, p. 14), ao referir-se aos valores do Candomblé, diz:

> Agora religião para todos, o Candomblé enfatiza a ideia de que a competi-ção na sociedade é bem mais aguda do que se podia pensar, que é preciso chegar a níveis de conhecimento [...]. Ensina que não há nada a esconder ou reprimir em termos de sentimentos e modos de agir, com relação a si mesmo e com relação aos demais. Não impõe barreiras moralistas aos de-sejos e ao comportamento sexual, ao contrário. O Candomblé considera que neste mundo podemos ser o que somos, o que gostaríamos de ser e o que os outros gostariam que fôssemos.

No Candomblé, não há o binômio contraposto entre o Bem e o Mal, o certo e o errado, Deus e o Diabo. Os orixás são bons em essência e podem punir seus filhos em determinados momentos. Não é necessária uma conduta ética e moral para que alguém faça parte da família de santo (comunidade religiosa). Porém, a religião não admite a prática de crimes ou violações dos direitos individuais e coletivos. Candomblé é casa de acolhimento. Ainda de acordo com Prandi (1995, p. 20):

> Aceitando o mundo como ele é, o Candomblé aceita a humanidade, situan-do-a no centro do universo, [...] ele tende a atrair também toda sorte de indivíduos que têm sido socialmente marcados e marginalizados por ou-tras instituições religiosas e não religiosas. Isso mostra como o Candom-blé aceita o mundo, mesmo quando ele é o mundo da rua, da prostituição, dos que já cruzaram as portas da prisão. O Candomblé não discrimina o bandido, a adúltera, o travesti e todo tipo de rejeitado social.

Não existe um Candomblé puro, uma cópia autêntica do culto milenar aos orixás, voduns e inquices africanos. Trata-se de uma representação de uma religiosidade de matriz africana. Podemos dizer que é uma religião afro-brasileira por tratar-se de um culto a ancestrais africanos, mas organizado, hibridizado e ressignificado no Brasil, nas senzalas, quilombos e, posteriormente, nos terreiros e casas de Candomblé.

No bojo da releitura das práticas ritualísticas africanas, o Candomblé se desenvolveu em solo brasileiro, seguindo modelos étnicos dos grupos de escravos diversos, oriundos da diáspora negra. Embora separados estrategicamente pelos mercadores de escravos e, posteriormente, por compradores (proprietários de engenhos, fazendas, minas etc.), os escravos permaneciam imbuídos de forte sentimento cultural-religioso. Mesmo distantes de suas famílias, seus amigos, grupos étnicos, o sentimento de cativo e as práticas culturais, congregavam esse povo nas nações de Candomblé, como são chamadas até hoje.

Segundo Ribeiro (1978), é possível constatar a predominância dos bantos em Pernambuco. Os bantos[18] vieram de diferentes localidades do continente africano, como Angola, Congo e a atual região de Moçambique. Dentre as línguas mais faladas por eles estavam o quicongo, o quimbundo e o umbundo. As localidades originárias, com etnias e culturas diversas, pouco a pouco foram convergindo, se hibridizando ou desaparecendo.

Como a Paraíba não tinha porto, a escravidão deu-se em maior quantidade entre os silvícolas, potiguaras, tabajaras e negros da terra. Muitos escravizados africanos que chegavam à Paraíba vinham de Pernambuco, onde havia porto e o comércio de escravos era realizado, além disso, o território apresentava proximidade geográfica com a Paraíba. Sobre os escravos que chegaram a Pernambuco entre os anos de 1828 e 1838, Ribeiro (1978, p. 23) destaca os que vieram de Congo, Angola, Guiné, Mina, Moçambique e Senegal.

A Bahia foi considerada o berço do Candomblé; foi lá onde tudo se organizou, permanecendo no gueto por muito tempo. Somente na década de 1960 a religião expandiu-se rumo a São Paulo e ganhou conotações metropolitanas. Segundo Prandi (1991), deixou de ser uma religião na qual apenas as mulheres eram iniciadas como iaôs, passando a receber discípulos brancos e de outras adequações. As nações que resistem

---

18 O termo banto não se refere a um povo específico, mas a um grupo etnolinguístico localizado principalmente na África Subsaariana. Também pode ser considerado como um tronco linguístico.

CANDOMBLÉ, UMA RELIGIÃO BRASILEIRA

na atualidade são: Queto-Nagô, dos iorubás, a Jeje, dos fons, e a Angola, dos bantos. Ronilda Iya Kemi Ribeiro (1996, p. 40), no livro *Alma africana no Brasil: os iorubás*, relata sobre esse povo:

> Segundo Perkins & Stembridge (1977), os mais antigos habitantes da Nigéria foram os negros. Alguns dos mais puros negros são encontrados entre os ibo, os iorubás e outros grupos étnicos habitantes das florestas do sul. [...]
>
> Ilê-Ifé é considerada a cidade *onde ocorreu a criação do mundo*. Como o isolamento da sociedade em que se vive impossibilita uma visão histórica mais ampla, a concepção da própria história e da história em geral sofre determinações decorrentes desse fato. [...]
>
> Perkins & Stembridge (1977) relatam que os iorubás vieram do vale do Alto Nilo e, viajando para o Ocidente ao longo da grande savana do Sudão, chegaram à Nigéria e seguiram posteriormente rumo ao sul, permanecendo nas florestas e instituindo reinados sob um chefe supremo — o *Alafin* de Oyó. De fato, a origem deste povo, como a de tantos outros, acha-se envolta em penumbras, com relatos reais mesclados aos lendários.

Os iorubás, aqui no Brasil representados pelas nações Queto, Nagô e Egbá, são mais numerosos e difundidos. Na Bahia, concentram-se as mais antigas roças de Candomblé, a exemplo da *Casa Branca do Engenho Velho*, o *Gantois*, o *Ilê Axé Opó Afonjá* e o *Candomblé de Alaketo*. A forte presença do matriarcado pode ser representada pelas sucessões das ialorixás Dêta, Kalá e Nassô e, atualmente, pela Iá Tieta, na *Casa Branca do Engenho Velho*; Aninha, Senhora e Stella, no *Ilê Axé Opó Afonjá*; Menininha, Creuza e Pulquéria, no *Gantois*; e Olga, no *Candomblé de Alaketo*. Segundo Prandi (1996, p. 66), são do tronco iorubá: "Efã e Ijexá na Bahia, Nagô ou Eba em Pernambuco, Oió-Ijexá ou Batuque de Nação no Rio Grande do Sul, Mina-Nagô no Maranhão, e a quase extinta "nação" Xambá de Alagoas e Pernambuco".

Como no Candomblé o tempo mítico é considerado padrão para os acontecimentos atuais, o iniciado deve corriqueiramente mirar-se nesse tempo, ou seja, no mito dos orixás, mais precisamente no do orixá dono de seu ori. No panteão iorubá, existe a crença deísta em Olorum, ser supremo, numa divisão entre Orum e Aiyê, e na presença fundamental dos orixás correspondentes às forças da natureza. Cabe aos orixás cuidar do mundo e dos seres vivos, servindo de intermediários entre os seres humanos e Olorum. Exu é o orixá responsável pela comunicação, pelo livre trânsito entre o Orum e o Aiyê, entre o sagrado e o profano.

Muitos são os mitos, assim como inúmeros são os orixás. Centenas deles não são cultuados no Brasil, porque vários cultos perderam-se nas brumas do tempo, vitimados pela diáspora negra. Neste livro, optamos por apresentar o clássico mito da criação, retratado pelos iorubas — resgatado e difundido por Pierre Verger — e que tornou possível a perpetuação do Candomblé. Escolhemos retratá-lo a partir de Galrão (2009, p. 7-10):

Certa vez, Olorum, o deus supremo, estava pensando em aumentar os seus domínios. Para isto, chamou Oxalá, entregou-lhes um saco e disse: "Veja bem. Eu lhe escolhi para criar a Terra. Dentro deste saco, o 'apo-i-wá', você encontrará cinco pombos, cinco galinhas, cada uma com cinco dedos em cada pé, um camaleão e um pouco de areia. É tudo o que precisa para realizar este trabalho. Vá depressa e não demore em mandar notícias." Oxalá ficou tão vaidoso de ter sido escolhido para esta missão tão importante que achou que não precisava dar a Exu, o guardião dos caminhos, os presentes que ele costumava cobrar para deixar que os viajantes passassem e fizessem sua viagem em paz. Preparou-se todo, pegou o "apo-iwá" e partiu. Logo no início do caminho, Oxalá encontrou Exu, que lhe perguntou: "Onde estão os meus presentes? Onde você os colocou?". "Não tem presente nenhum", disse Oxalá. "Não fiz e não vou fazer nenhuma oferenda para você. Estou numa missão muito importante. Não quero e não posso me atrasar." Disse Exu: "Pois então você não conseguirá fazer nada do que pretende. Estou avisando!" Oxalá não deu importância ao aviso e continuou seu caminho. De repente começou a sentir sede, muita sede, mas não conseguia beber nada. Passou perto de um rio, parou, deram-lhe leite e ele não conseguiu tomar, e... a sede aumentando cada vez mais. [...] De repente, Oxalá avistou uma palmeira, que já conhecia e sabia que de seu tronco, quando furado, escorria um vinho delicioso. Pegou então o seu cajado, o opaxorô, do qual ele nunca se separava, e enfiou com toda a força na palmeira, aproveitando para beber o vinho que dela escorria. Bebeu até desmaiar [...]. Exu, que estava acompanhando tudo, foi contar a Oduduwa o que estava acontecendo, e ela não perdeu tempo, correu para contar tudo a Olorum. [...] Olorum ficou muito zangado com a notícia e, virando-se para Oduduwa, disse: "Ele bebeu? Vá você então. Pegue tudo o que precisar e vá criar o mundo". [...]. Oduduwa não se fez de rogada. Pegou os cinco pombos, as cinco galinhas, cada uma com cinco dedos em cada pé, o camaleão e a porção de areia e partiu o mais depressa que pôde para realizar a tão importante tarefa antes que Oxalá acordasse. Mandou que os pombos fossem na frente procurar um rio. Eles partiram voando e assim que encontraram, voltaram para avisar Oduduwa, que jogou dentro dele toda a areia que trazia no saco. Aí foi a vez do trabalho das galinhas, que espalharam a areia em todas as direções. Quando o rio estava todo coberto, Oduduwa mandou o camaleão verificar se a terra estava sólida. O camaleão foi com muito cuidado, bem devagarzinho. Colocou uma patinha, depois a outra, até que sentiu o chão bem firme sob seus pés. Só então Oduduwa veio e radiante pisou na terra, deixando sobre ela a marca do seu pé. Depois dela vieram os outros orixás e, um a um, foram imprimindo suas pegadas na terra recém-criada. Quando Oxalá acordou e soube de tudo isso, ficou descontrolado. Muito, mas muito triste mesmo. Foi procurar Olorum, pediu perdão, explicou o que tinha acontecido e tanto chorou, tanto implorou, que Olorum resolveu lhe dar outra chance. "Está bem", disse Deus. "Sei que você aprendeu a lição e está arrependido. Por isso, vou lhe confiar uma tarefa ainda mais importante. É sua, a partir de agora, a responsabilidade de criar os homens e todas as criaturas que habitarão a terra. Vá e faça o melhor que puder."

A partir do mito da criação do mundo, podemos perceber que, desde os primórdios, o deus supremo ioruba, Olorum, delegava funções; e que a disputa entre Oxalá e Exu faz parte da trama de criação do mundo. No panteão iorubá, são frequentes as quizilas (confrontos, intrigas) entre os orixás. Uma vez conhecendo o seu odu,[19] o iniciado no Candomblé deverá

---

19 O oráculo sagrado possui 4.096 (16 × 16 × 16) poemas. Com base nesses poemas é feita a interpretação no jogo divinatório de Ifá ou de búzios. Por ocasião do processo iniciático, o babalaô procura, através do jogo, tomar conhecimento de

conhecer o mito de seu orixá e, com a ajuda da ialorixá ou do babalorixá, procurar trabalhar seus defeitos e conhecer suas qualidades para tentar se tornar uma pessoa melhor.

O Candomblé consiste no culto à natureza e no traço marcante hierárquico das famílias de santo. É uma religião que busca promover a harmonia entre o humano e a natureza — água, terra, fogo, ar —, e nada mais é do que uma personificação desses elementos. A relação ou as relações construídas dentro das famílias de santo, núcleo fundamental dessa religião, baseiam-se em regras erigidas a partir da organização hierárquica. Nela, tempo de santo[20] é graduação. Oxalá, a principal divindade do Candomblé, representa perfeitamente — na qualidade de Oxalufã, um orixá velho — a noção de poder relacionada à maturidade e à experiência de vida.

Nas relações diárias ou em dias de festa no Candomblé, ficam visíveis os comportamentos dos adeptos mais novos para com os mais velhos. Na avaninha ou ramunha,[21] a ordem de entrada até a formação da roda é de acordo com o tempo de iniciação, vindo à frente o babalorixá ou a ialorixá dirigente do barracão e, atrás, os filhos, seguindo do mais velho para o mais novo. Quando da incorporação dos orixás, se acontece com um mais velho, acontecerá também naqueles que são mais novos e virantes. Ao final do xirê, vem a parte da cerimônia na qual é servido o ajeum (refeição). Serve-se primeiro o babalorixá ou a ialorixá dirigente do barracão, depois os mais velhos, seguidos dos mais novos e, por fim, os visitantes, de modo que todos os presentes na cerimônia partilhem dos alimentos sagrados dos orixás, que também são chamados de "comida de santo".

Através da comida oferecida aos orixás, se estabelecem relações entre o devoto, a comunidade e o orixá. É sobretudo nas festas que isso mais se

---

qual é o odu de nascimento do iaô, que passará também a cultuar o orixá relativo a esse odu, respeitando os euôs (quizilas, restrições) por ele prescritos. O odu de nascimento orienta o iaô quanto ao seu destino nos mais diversos níveis.

20   Diz-se *tempo de santo* o período a contar da data em que o iniciado fez o ritual de iaô. Na hierarquia do Candomblé, os mais velhos são os que chegaram primeiro, ou seja, se no ritual de iaô entraram dois iniciados, que é o que se chama de "barco", o que entrou na frente sempre será mais velho do que aquele que entrou em segundo lugar, e assim sucessivamente.

21   Procissão de entrada dos filhos de santo no barracão de Candomblé para o início do xirê.

> expressa. Festas que se desenrolam ocultamente aos olhos dos de fora, que podem levar meses e festas que são feitas para os de fora, realizadas no barracão, tornadas públicas, onde, em algumas delas, são exibidas a maior quantidade possível de comidas servidas aos orixás da casa, e eles próprios servem a sua comida, distribuindo, assim, aos presentes a sua força máxima. (SOUSA JUNIOR, 1998, p.1)

Um fato muito comum em muitas casas de Candomblé é o de ialorixás e babalorixás se utilizarem da hierarquia religiosa e fazerem de seus terreiros uma reprodução dos reinados africanos, onde, para os filhos de santo, o babá ou a iá não erram jamais. Os mais novos não são consultados, apenas obedecem de cabeça baixa e são proibidos de olhar nos olhos do babá ou da iá. Muitos também se servem de seus filhos e filhas de santo, entre equedes, ogãs, iaôs e abiãs, para que façam as tarefas domésticas do terreiro e, em alguns casos, de suas residências, exercendo, assim, abuso de poder sobre os mais novos. Desse modo, o mesmo Candomblé que acolhe, oprime. Sobre esse aspecto, Pai Erivaldo de Oxum[22] comenta:

> Não acredito em orixá que prende ninguém. Orixá não mata, não prejudica, não pratica o mal, não aleija. Isso é coisa humana. Orixá representa vida. [...] Eu amo os orixás, é [sic] minha vida [...]. Axé não é para escravizar ninguém. Filho de santo não deve ficar na roça lavando pratos, cozinhando. Eu não concordo com escravização. É uma política errada, é preciso ter outro entendimento. A mãe de santo tem que contribuir, trabalhar, para dar exemplo aos outros. É o mais velho que dá exemplo ao mais novo. Hierarquia não é escravidão. A sociedade tem que ver a religião como ela é, e não como algumas pessoas fazem dela. Errado. O nome senzala lembra escravidão, coisa ruim. Respeito, mas não concordo.

O intento deste livro ao registrar e organizar uma história das religiões afro-brasileiras na Paraíba é se aproximar do traço cultural mais forte

---

22 Entrevista concedida ao autor no dia 5 de agosto de 2010, no *Ilê Axé Kossi Odé Onitá*, em João Pessoa, PB.

do Candomblé, trazendo-o da oralidade para o mundo das letras. É, pois, nesse misto metodológico que registramos essa história que vem sendo construída desde a África. No Brasil, especificamente no Rio de Janeiro, o Candomblé chegou aos livros e à imprensa por meio do babalorixá Joãozinho da Gomeia, sacerdote da nação Angola.[23] Estudado por Gisèle Binon-Cossard na década de 1970,[24] Joãozinho da Gomeia tinha sua casa visitada por figuras ilustres de sua época, como o Presidente da República Getúlio Vargas. Stela Guedes Caputo e Mailsa Passos, em seu trabalho sobre a Mãe Beata de Yemanjá, do Rio de Janeiro, ao referirem-se ao binômio oralidade × escrita, fizeram as seguintes considerações:

> Se a escrita serve de instrumento para a atualização/criação/preservação de memória, ela dialoga todo o tempo com as narrativas orais que deram origem ao texto. Na obra, a lógica escriturística dialoga com a lógica de uma cultura oralizada, a escrita intervém no espaço da oralidade: dá-lhe uma outra ordem e dela se alimenta, já que a oralidade é aqui o tema e o objeto, dessa forma, escrita e oralidade não são dois termos que se opõem, mas que antes se imbricam.
>
> Não se pode negar, porém, que traduzir para o escrito aquilo que circulava oralmente modifica a narrativa de maneira contundente em alguns aspectos. Estar em um livro amplia a circulação das histórias tanto horizontalmente quanto verticalmente: o número e a diversidade de sujeitos aos quais se torna possível o acesso às histórias é inegável. As narrativas podem

23 Destacamos também aqui a contribuição para a formação das religiões afro-cariocas de Carmem Teixeira da Conceição, a Tia Carmem do Xibuca, que nasceu na Bahia e mudou-se, aos 16 anos, para uma vila na Cidade Nova, Rio de Janeiro. Ela era filha de santo de João Alabá, participava de reuniões com muçulmanos e era filiada a quatro irmandades católicas. Segundo Farias et al. (2006, p. 150): "Outro baiano, o babalaô Cipriano Abedé, que nascera na década de 1870 e chegara ao Rio em fins de oitocentos, também transitava por diferentes espaços sociais e culturais. Na capital carioca, abrira um candomblé na Rua João Caetano. A fama da casa era tanta que atraía, segundo o cronista Vagalume, 'gente de Copacabana, Botafogo, Laranjeiras, Catete, Tijuca, São Cristóvão, enfim, gente da alta roda que ali ia render homenagens a seu pai espiritual'. Nos dias de festa, havia uma grande fileira de automóveis naquela rua, 'alguns de luxo e particulares em sua maioria'. Além de pertencer à Guarda Nacional e à Maçonaria, Abedé era membro de cinco confrarias religiosas".

24 Sobre o assunto, cf.: COSSARD-BINON, Gisèle. *Contribution à l'étude des Candomblés au Brésil*: le Candomblé Angola. Orientador: Roger Bastide. 1970. 414 f. Tese (Doutorado em Etnologia). Faculté de Lettres et Sciences Humaines, Université de Paris, Paris, 1970.

> ainda — uma vez colocadas no suporte livro — circular por espaços diferenciados, não somente o universo dos terreiros. (CAPUTO; PASSOS, 2007, p. 103)

O Candomblé não é uma religião homogênea. Trata-se de uma religião monoteísta que possui mitos cosmogônicos e cultua a natureza, personificada nos orixás. É uma religião ancestral. Por ser de matriz africana, cultua divindades do panteão iorubá. Esse Candomblé ao qual nos referimos é o mais conhecido da população brasileira. Como já mencionado, na África, cada orixá era cultuado em regiões diferentes — alguns eram cultuados nas regiões em que viviam, outros onde se encantaram. Dessa forma, podemos dizer que Oxalá era rei de Ilê-Ifé; Oxalufã era rei de Ilu-Aiyê; Oxaguiã era rei de Ejigbô; Xangô era rei de Oyó; Ogum era rei de Ifé; Oxóssi era rei de Queto; Oxum se encantou no rio de mesmo nome, etc.

Por conta da diáspora negra e a consequente mistura dos grupos étnicos africanos, como os bantos e os jejes, o Candomblé absorveu o culto a diversos orixás. Distintos grupos étnicos — como fon, ewe, fanti, ashanti e mina — que chegavam ao Brasil eram chamados de *djèdjè* (estrangeiro, estranho), designação que os iorubás atribuíam aos povos vizinhos de Daomé. Portanto, se fôssemos denominar a nação Jeje fielmente à sua origem, ele seria "ewe-fon".

> O termo "jeje" aparece documentado pela primeira vez na Bahia nas primeiras décadas do Setecentos para designar um grupo de povos provenientes da Costa da Mina. Mas quais eram esses povos jejes? Os jejes têm sido usualmente identificados, ao menos a partir do século XIX e, posteriormente, na literatura afro-brasileira, como daomeanos, isto é, grupos provenientes do antigo reino do Daomé. Mas, na verdade, o termo "jeje" parece ter designado originariamente um grupo étnico minoritário, provavelmente localizado na área da atual cidade de Porto Novo, e que, aos poucos, devido ao tráfico, passou a incluir uma pluralidade de grupos étnicos localmente diferenciados. (PARÉS, 2008, p. 30)

Hoje, no Brasil, o culto Jeje, tal como foi originado, está quase extinto. Pouquíssimas casas celebram seus cultos inteiramente na língua fon, tendo se adaptado para o mais popular e disseminado: o iorubá. As rezas em fon são reservadas apenas às cerimônias particulares das quais somente a família de santo participa; as cerimônias públicas, em que os voduns vêm para dançar, são realizadas em iorubá com as rezas de Queto.

Devido à hibridação de seu culto, a nação Jeje se dividiu em outras linhagens, como Jeje-Mina, Nagô-Vodum, Jeje-Mahi e Jeje-Savalu, conforme a origem de seus iniciadores. No Brasil, as principais casas ficam na Bahia, como o templo construído para o vodun Dan, o *Kwe Seja Hundé*, mais conhecido como *Roça dos Ventura*, de Jeje-Mahi, em Cachoeira de São Félix; o templo de Heviossô, o *Zoogodo Bogun Male Hundô*, *Terreiro do Bogum*, em Salvador; o *Kwe Vodun Zo*, também chamado *Templo do Vodun* ou *Espírito do Fogo*, de Jeje-Savalu, no bairro do Curuzu, em Salvador; e a extinta *Cacunda de Yayá*, o *Axé KPó Egi*, também de Jeje-Savalu, em Salvador. No Maranhão, temos a *Casa das Minas*, fundada por Maria Jesuína, do segmento Jeje-Mina; e a *Casa Fanti-Ashanti*, fundada por Euclides Menezes Ferreira (Talabian), do segmento Jeje Fanti-Ashanti, do povo Akan, originário de Gana, e que inicialmente possuía ligações com o *Sítio de Pai Adão*, da nação Nagô-Egbá. Podemos, ainda, destacar uma das sacerdotisas mais importantes na difusão do Candomblé de Jeje na Bahia: Gaiaku Luiza.[25]

As divindades africanas cultuadas no Candomblé mudam de nome conforme a língua falada pelos grupos étnicos. Para os nagôs, são orixás; para os bantos, inquices; e para os jejes são chamadas voduns. Como exemplo, podemos citar o orixá Xangô, que para os bantos é Zazi e para os jejes é equivalente ao vodum Sogbô, da família de Xebiossô (Reviossô). Ainda

---

25 "Luiza Franquelina da Rocha nasceu em 25 de agosto de 1909, em Cachoeira, cidade do Recôncavo Baiano. [...] Gaiaku Luiza, que é bisneta de africano, e foi nascida e criada dentro do Candomblé, chegando a morar dentro da *Roça de Ventura*. [...] Em 1937, Gaiaku Luiza foi iniciada para Oyá na nação Queto, no *Ilé Ibecê Alaketo Àse Ògún Medjèdjè*, do famoso babalorixá Manoel Cerqueira de Amorin, mais conhecido como Nezinho de Ogum, ou Nezinho da Muritiba, filho de santo de Mãe Menininha do Gantois. Por motivos particulares, após dois anos, Gaiaku Luiza se afastou da roça deste ilustre babalorixá. Foi Sinhá Abali, segunda Gaiaku a governar a *Roça de Ventura*, quem viu que Gaiaku Luiza deveria ser iniciada no Jeje, nação de toda a sua família, e não no Queto. Assim, encarregou sua irmã de santo, Kpòsúsì Rumaninha, de sua inteira confiança, a iniciar Gaiaku Luiza no terreiro *Zòògodò Bogun Malè Hùndo*, em Salvador. Em 1944, Gaiaku Luiza foi iniciada na nação Jeje, sendo a terceira a compor um barco de três vodunces." Disponível em: < http://povodoaxe.blogspot.com/2009/04/gaiaku-luiza.html>. Acesso em: 29 fev. 2020.

que cultuado sob distintos nomes, conforme a origem dos povos, todas as designações desse exemplo referem-se à divindade que rege o fogo, os trovões e as pedras de raio. Para os jejes, Omolu é importantíssimo, pois é o orixá da terra em toda a sua essência, e essa nação é muito ligada à terra e à sua energia vital.

Optamos por iniciar nossa pesquisa pelo Queto, visto sua maior popularidade e seu grande número de adeptos no Brasil. Passamos pelo Jeje e chegamos, finalmente, ao Candomblé de Angola e ao povo banto. Segundo Ribeiro (1978, p. 20-21), os escravos provenientes do Congo e de Angola formaram o povo banto, que chegou ao Brasil no século XVII e no século XVIII.

> Viana Filho analisa os ciclos do tráfico da Bahia, cujo comércio parece ter ocorrido paralelo ao de Pernambuco, assim caracterizando-os: no século XVI teria dominado o ciclo da Guiné, substituído no seguinte pelo de Angola; o século XVIII foi o de predominância do ciclo da Costa da Mina, a última fase do tráfico e o período da ilegalidade, no século XIX, não apresentando predominância de Angola sobre a Costa da Mina, o tráfico se procedendo com esta última região até 1815 e retornando a Angola, daí por diante em virtude do tratado que equiparava a pirataria o comércio de escravos acima da Linha do Equador. (RIBEIRO, 1978, p. 57)

Paralelamente à formação dos cultos Queto, Nagô e Jeje, os bantos organizaram-se em seus grupos étnicos e resistiram até os nossos dias. Eles são originários do sul da África, onde predominava o culto aos ancestrais, denominados inquices. Na formação do Candomblé, assim como os jejes, os bantos fundiram suas divindades ao panteão iorubá dos orixás. O orixá de origem Queto/Nagô fundiu-se ao vodum jeje e ao inquice banto, cada qual com especificidades organizacionais em suas roças, barracões ou canzuás, respectivamente, e no ritual litúrgico. No Candomblé Queto/Nagô, o iniciado é chamado iaô; no Jeje, vodunce; e no Angola, muzenza. Vejamos o que nos diz Parés (2008, p. 23) sobre o termo *nação* de Candomblé:

> Ao lado de outros nomes, como país ou reino, o termo *nação* era utilizado, naquele período (séculos XVII e XVIII) pelos traficantes de escravos, missio-

nários e oficiais administrativos das feitorias europeias da Costa da Mina para designar os diversos grupos populacionais autóctones. O uso inicial do termo *nação* [...] no contexto da África ocidental, estava determinado pelo senso de identidade coletiva que prevalecia nos estados monárquicos europeus dessa época, e que se projetava em suas empresas comerciais e administrativas na Costa da Mina.

Com o passar do tempo, o termo *nação*, relacionado aos escravos provenientes do continente africano, perdeu o sentido geopolítico e passou a ter a predominância do aspecto teológico. Ao nos referirmos, nos dias atuais, às nações de Candomblé, remetemos aos diferentes cultos praticados no Brasi e à liturgia Queto, Nagô, Jeje, Angola, Ijexá, Xambá, dentre outras, ou seja, houve uma ressignificação do termo.

Os bantos têm uma filosofia de vida focada na energia, na força vital partilhada entre os vivos e os antepassados, que permanecem espiritualmente vivos na comunidade e interagem sobre ela, sendo cultuados com honrarias para trazer-lhe proteção e prosperidade. Para os bantos, a força vital deve ser utilizada apenas para o bem do grupo, e nunca de maneira individualizada, nem para fins pessoais.

A nação Banto acredita numa energia cíclica. A morte, embora não seja um rito de passagem, e sim um rito de permanência, representa uma perda de energia da comunidade, assim como a vida representa um aumento de sua força vital. O nascimento é muito comemorado entre os bantos. O sexo e a fertilidade são bastante valorizados na comunidade por representarem a continuação da existência humana. Os bantos também cultuam a natureza e seus elementos — como os animais, os rios, as folhas, o ar, o fogo —, sempre prestando oferendas aos ancestrais como uma forma simbólica de troca de energias e de desprendimento das coisas materiais por benefícios espirituais. Acreditam na cosmogonia,[26] mas não vivem em função dos mitos. Pe. Altuna (*apud* OLIVEIRA, 2003, p. 113) reconstruiu o que chamou de Pirâmide Vital dos Bantos:

---

26 A cosmogonia abrange as diversas lendas e teorias sobre asorigens do Universo, de acordo com as religiões, mitologias e ciências ao longo da história.

Ser Supremo: Nzambi, Zambiapungo, Mulunga, Unkululu;
Fundadores do primeiro clã humano;
Fundadores dos grupos primitivos;
Heróis civilizadores;
Espíritos tutelares e gênios da natureza;
Antepassados qualificados;
Antepassados simples;
Humanos vivos.

Para os bantos, Zambi corresponde ao Olorum dos iorubás, que já existia antes da criação do mundo, mas o culto aos antepassados é a prática contínua desse grupo. O culto à natureza deificada foi interpretado, a exemplo de Nina Rodrigues (1900), como animismo fetichista. O que os bantos chamam de espíritos tutelares e gênios da natureza é a própria natureza. Entre os principais inquices (N'Kices) destacamos: Aluvaiá, Bombo N'jila, Pambu N'jila, N'zila (é o intermediário entre os seres humanos e os outros inquices, o mensageiro, com manifestações masculina e feminina); Nkosi (inquice da guerra e senhor das estradas de ferro); Mutalambô (vive nas matas, nas montanhas e nas florestas; é senhor da fartura e da comida abundante); Katendê (senhor das folhas ou jinsaba, conhece os segredos das ervas medicinais); N'Zazi (o próprio raio, senhor da justiça); Kaviungo (inquice da varíola, das doenças da pele, da saúde e da morte); N'sambu (senhor da terra); Kaiango (senhor dos ventos e tempestades); Matamba (qualidade ou caminho de Kaiango, guerreira, comanda os espíritos dos mortos); Kisimbi (a grande mãe dos lagos e rios); Kaitumba (senhor do oceano, do mar e dos seres que ali habitam); Nzumbarandá (é a mais velha das inquices, conectada pela morte); N'Danda Lunda (senhora da fertilidade e da lua); Kitembo, Kindembo (rei da nação Angola, senhor do tempo e das estações; é representado nas casas de Angola e do Congo por um mastro com uma bandeira branca erguida, chamada de bandeira de Tempo).

O Candomblé Angola é o menos difundido no país, além de ser muito pouco estudado, embora tenha sido um dos primeiros cultos pesquisados, ainda no século XIX, por Nina Rodrigues (1900). Por ter menor visibilidade, conta com poucos adeptos. Já o Candomblé Queto/Nagô sempre teve maior número de adeptos, incluindo pessoas famosas, como Jorge Amado, Vinícius de Morais, Gal Costa, Maria Bethânia, Gilberto Gil, Clara Nunes, entre outros. Convencionou-se chamar de nagocentrismo o Candomblé de origem iorubá.

O Candomblé, seja ele Queto/Nagô, Jeje ou Angola, é uma religião única, baseada na harmonia entre o homem e os elementos da natureza e na relação dialética entre eles. É uma religião em que homens e mulheres, idosos e crianças, pretos e brancos, pobres e ricos, de todas as orientações sexuais, fundem-se no culto às divindades e cujo marco hierárquico predominante é o tempo de santo. O tempo de iniciação é o posto do respeito: o mais velho ensina ao mais novo. No Candomblé, o aprendizado dá-se pela transmissão oral e os segredos transmitidos ao iniciado refletem as peculiaridades de cada família de santo, pois não há uma verdade absoluta nem um livro de ensinamentos. Talvez por isso o culto aos ancestrais e aos orixás perdure desde tempos imemoriais.

3.1 O Candomblé paraibano

Kò sí ewé. Kò sí omi. Kò sí òrisà[27]
Sem folha. Sem água. Sem orixá

Quanto à chegada das religiões afro-brasileiras à Paraíba, faremos um percurso inverso ao de Salvador, onde tudo praticamente principiou: primeiro falaremos da formação do culto trazido do continente africano para o Brasil por diferentes grupos étnicos durante a diáspora negra; depois, do encontro com os autóctones brasileiros e da formação de um culto aos ancestrais indígenas, formando, assim, o Candomblé de Caboclo, de origem banto, e a Jurema Sagrada nos estados que compreendem o Rio Grande do Norte, a Paraíba e Pernambuco, entre os séculos xv e xix. Já no século xx, no Rio de Janeiro, emerge uma religião tipicamente nacional, criada e difundida em todo o território brasileiro: a Umbanda.

27 Provérbio nagô (Domínio público).

A chegada do Candomblé à Paraíba fundiu-se com a da Umbanda. A responsável por essa ação histórica foi Maria Barbosa de Souza, a Mãe Beata de Yemanjá. Nascida em Conceição do Piancó, em 18 de junho de 1922, mudou-se para a capital paraibana ainda muito jovem, casando-se com João Cândido (*in memoriam*), com quem teve duas filhas. Após o casamento, mudou seu nome para Beatriz Barbosa de Souza.

Mãe Beata era uma mulher negra sem escolarização e, segundo testemunhos de seus filhos de santo, Mãe Anália e Pai Robertão, era muito vaidosa e tinha um temperamento forte. Ela iniciou seu desenvolvimento mediúnico em sua casa no bairro da Torre, além de frequentar o terreiro de Jurema de Pai Sebastião Gama. Seu esposo, certa vez, chegou a interná-la como louca por causa do grande número de entidades espirituais que se manifestavam nela.

Em 1963, Mãe Beata viajou para o Recife, indo até o terreiro *Obá Ogunté*, mais conhecido como *Sítio do Pai Adão*, da nação Nagô. Segundo Pai Robertão de Yemanjá, ela costumava contar que seu esposo viajou para o Recife em uma caminhonete carregando, entre outras coisas, todo o material necessário para utilizar em uma obrigação (iniciação). Mas, já recolhida dentro do roncó, Mãe Beata sentiu que aquela não seria sua casa; então, saiu sem avisar ninguém e voltou para João Pessoa. Como dizem no Candomblé, "furou o roncó", termo utilizado para denominar aqueles que desistem da iniciação durante o processo. No mesmo ano, ela também viajou para Salvador, tendo visitado os tradicionais terreiros de Mãe Olga de Alaketo, Mãe Menininha do Gantois e Pai Cecílio Santana, conforme depoimento de Mãe Anália.[28]

O Candomblé paraibano surgiu paralelamente à Umbanda. Mãe Beata se iniciou na nação Angola, contudo, pela dificuldade de assimilação ritualística por parte de suas filhas e de seus filhos de santo, ela conduzia o culto de Umbanda com Nagô, mas iniciava os iaôs nos fundamentos do Candomblé de Angola. Foi sacerdotisa do *Centro Espírita de Umbanda Mãe Iemanjá* até falecer, em 2 de fevereiro de 1989.

---

28 Entrevista concedida ao autor por Mãe Anália Furtado Leite, do *Templo de Umbanda Santa Bárbara*, em Rangel, João Pessoa, PB, em 24 de março de 2010.

Mãe Anália nasceu em Conceição do Piancó, onde se casou e teve filhos. Era proprietária de um restaurante quando, certo dia, sonhou com uma mulher vestida de azul. Era uma madrugada de sábado e, no sonho, a mulher a procurava para rezar a Trezena de Santo Antônio. O cenário do sonho era um sítio com muitos pés de arroz e de milho e casas de tábua. Ao acordar, Mãe Anália conversou com o marido e disse que queria visitar uma prima no Paraná, com o que ele concordou. Em 1961, saíram sem avisar quase ninguém, pegaram um caminhão até Petrolina, na Bahia, e, em seguida, pegaram uma maria-fumaça para Belo Horizonte, outra para São Paulo e, então, um ônibus até Maringá, no Paraná. Toda essa viagem se deu com muita dificuldade, pois tanto Mãe Anália quanto seu esposo eram analfabetos. Ao chegarem lá, no dia 13 de julho de 1961, apareceu uma senhora vestida de azul procurando pela mulher que "tirava" (rezava) o terço de Santo Antônio e, mesmo sem saber, Mãe Anália o fez.

Em 1963, ela teve outro sonho — dessa vez com a mãe falecendo — e decidiu voltar imediatamente para Conceição do Piancó. Lá, ela e o marido passaram três dias fabricando tijolos para construir a casa deles. Na hora de escavar o alicerce, Mãe Anália sentiu uma dor profunda e desmaiou, ficando doente por muito tempo, mas sem diagnóstico médico. Ela viajou com o marido e os filhos numa rural, veículo típico da década de 1960, repleta de galinhas. O ex-governador do estado, Wilson Leite Braga, e sua esposa, Lúcia Braga, pagaram as passagens de Mãe Anália e a encaminharam para Mãe Beata. Segundo a própria Mãe Anália:[29]

> Mãe Beata era casada com meu tio, João Cândido, irmão de meu pai [José Cândido]. Ela morava na Rua Barão de Mamanguape na Torre. No meio da casa, entre a dela e a da filha dela, ela fez um quarto de compensado. Depois, Mãe Beata veio morar no Rangel e fez o terreiro no Jardim Tabaiana, em 1966. A construção foi em mutirão, ela tinha 75 filhos de santo naquela época [...] era tudo começando, ela, eu, tudo era início [...] Mãe Beata foi para o Rio de Janeiro em 1964 para resolver o problema espiritual dela, mas

29 Entrevista concedida ao autor por Mãe Anália Furtado Leite, do *Templo de Umbanda Santa Bárbara*, em Rangel, João Pessoa, PB, em 10 de novembro de 2010.

não deu certo. Daí ela viajou para Salvador e lá ficou num hotel. Ela explicou a dona Elza, levou ela até Pai Cecílio de Oxalá. Ele confirmou que ela era filha de Iemanjá e que Iemanjá queria que ela se iniciasse em Salvador. Ela passou um mês de obrigação. Ele testou ela antes: ela foi levada nas águas e saiu com uma cobra na mão. Na hora de Iemanjá ser coroada, ela disse que queria ser coroada na Paraíba. Nessa época não podia bater tambor na Paraíba. Ela chegou na semana em que João Agripino [Governo do estado, 1966-1969] liberou a lei. Ela deu um buquê de flores ao governador.

Conforme o depoimento de Pai Robertão de Yemanjá:[30]

Mãe Beata foi a primeira sacerdotisa afro-brasileira a entrar na Universidade Federal da Paraíba. Nos fins da década de 1970, o professor Marcos Navarro, da UFPB, convidou Mãe Beata para participar de uma palestra. Ela se paramentou como uma rainha, só usava joias de ouro. Ela foi até de coroa. Falou bem, rezou em língua banto e dava o significado das palavras que rezava. Depois, foi convidada para outros eventos na década de 1970, o terreiro dela abria e fechava os eventos da Federação dos Cultos Africanos da Paraíba, no Teatro Santa Rosa. Ela pedia para os filhos de santo se concentrarem como em um terreiro comum e, durante a apresentação no palco do teatro, só se via gente recebendo as entidades: exus, caboclos [...] Mãe Beata era muito espirituosa, ela dizia que eu era o "exu de orelha" dela. Na minha obrigação, ela fez uma cura (marca simbólica) em minha orelha, pois tudo o que eu via contava para ela [...] Ela tinha gado, tinha terras, seu terreiro era frequentado pela classe alta, políticos, empresários, etc.

O evento retratado é um ritual festivo em comemoração ao aniversário de iniciação de Mãe Beata. No Candomblé, dá-se o nome de orô (preceito, costume tradicional). Como Mãe Beata conduzia o culto hibridizado

---

30 Pai Robertão de Yemanjá, Carlos Roberto de Paiva Athayde, nascido em 13 de maio de 1952, era bisneto de Júlia Gomes de Paiva, juremeira vinda de Palmeira dos Índios, Alagoas. Seu bisavô, Francisco José de Athayde, era amigo da Mestra Joana Pé de Chita e foi o segundo filho de santo iniciado por Mãe Beata. Hoje, Pai Robertão é sacerdote do *Ilê Axé Iemanjá Oguntê*, fundado em 13 de maio de 1984, em Porto Velho, RO, tendo cerca de 60 filhos de santo. Entrevista concedida ao autor em 8 de abril de 2011, no *Templo de Umbanda Santa Bárbara*, de Mãe Anália.

Renovação do iaô de Mãe Beata (ao centro, de coroa e abebê). Cerimônia festiva do *Centro Espírita de Umbanda Mãe Iemanjá*, Rangel, João Pessoa, PB, 1968.

Fonte: Acervo pessoal de Pai Robertão de Yemanjá, gentilmente cedido para essa pesquisa.

com a Umbanda, usa-se o termo *renovação*. Na parede do terreiro, podemos perceber a presença de quadros com certificados de suas obrigações, o que denota a liberdade do culto no fim da década de 1960.

Mãe Beata permaneceu com Pai Cecílio[31] até o falecimento dele, passando a ser filha de santo da esposa dele, Mãe Carmita, e, em 2 de março de 1988, de Mãe Olga (do Rio Vermelho, Salvador), ambas angoleiras de Iansã.

Em abril de 1969, Mãe Beata celebrou o primeiro casamento no Candomblé paraibano. Fizeram o enlace matrimonial Pai Robertão de Yemanjá e Maria da Penha Braga Leal, filha de Carlos Leal Rodrigues, então presidente da Federação dos Cultos Africanos da Paraíba.

31 Segundo Pai Robertão de Yemanjá, Pai Cecílio Santana, mais conhecido como "Cicílio da Bola", morava no bairro do Cabula, em Salvador, BA. Era um homem negro, neto de africanos. A mãe dele, mesmo com mais de 100 anos de idade e cega, filha de Oxum, ainda virava em seu orixá e dançava no Candomblé. Quem a via incorporada, dançando, não imaginava que perdera a visão. Entrevista concedida ao autor em 8 de abril de 2011, no *Templo de Umbanda Santa Bárbara*, de Mãe Anália.

Com o falecimento de Mãe Beata, considerada precursora do Candomblé de Angola paraibano, seus familiares venderam o prédio do terreiro e Mãe Anália passou a ser sua descendente direta, sendo, hoje, filha de santo de Mãe Olga de Yansã (do Rio Vermelho, em Salvador). Mãe Anália conduz os cultos de acordo com o ritual umbandista, mas os fundamentos são seguidos conforme os de sua mãe de santo.

O segundo matrimônio realizado no Candomblé da Paraíba foi de um casal homossexual: o sanfoneiro Edvaldo Brasil, de 19 anos, e o cabeleireiro Daniel Mondengo, de 21. A cerimônia, celebrada pela ialorixá Lúcia Omidewá, do Valentina, ocorreu no dia 19 de setembro de 2008, no auditório da Faculdade de Direito da UFPB, em João Pessoa. Toda a imprensa paraibana deu cobertura ao evento. O arcebispo da Paraíba, Dom Aldo Pagotto, referiu-se ao ato como "um suicídio de valores".

Portanto, em João Pessoa, veremos a chegada do Candomblé de Angola por Mãe Beata (*in memoriam*), no bairro do Rangel; do Candomblé de Queto por Pai Erivaldo, na Fazenda Cuiá; e do Candomblé de Jeje por Mãe Renilda, no bairro de Cruz das Armas.

A chegada do Candomblé Queto à Paraíba tem o sertão como porta de entrada. Em 1970, o babalorixá Jackson Luiz Gonçalves Ricarte, vindo da Rua Nova, Feira de Santana, na Bahia, chegou a Cajazeiras. Jackson foi iniciado pelo babalorixá Gidan de Oxumarê em Feira de Santana. A princípio, Jackson de Iansã instalou-se na casa de Mãe Enéia de Ogum, que, na época, era juremeira e umbandista. Mãe Enéia acolheu Pai Jackson e, posteriormente, converteu-se ao Candomblé, sendo iniciada por ele. A primeira iaô da roça de Pai Jackson, porém, foi Irisbela Barros (*in memoriam*).

Nessa época, o adolescente José Erivaldo, de 13 anos, apresentava sérios problemas de saúde. Ele havia perdido a mãe e fora criado pela avó materna, Dona Francisca da Silva. O rapaz estudava em um colégio de freiras. Assim que começou a demonstrar problemas de saúde, sua avó o levou a um senhor chamado Zé Rezador, que informou a ela que o adolescente era médium. Dona Francisca disse que sua vontade era que José Erivaldo fosse padre, e Zé Rezador afirmou que ele seria padre, mas de outra religião. Dona Francisca disse que preferia a morte do neto caso ele deixasse de ser católico. Passado algum tempo, ela foi com José Erivaldo à casa de Pai Jackson, onde tudo começou. A seguir, parte da entrevista concedida por Pai Erivaldo de Oxum:[32]

> Eu me iniciei na casa de Mãe Enéia, mas por Pai Jackson. Foi Jackson quem fez a minha obrigação, onde tomei bori.[33] [...] Quando eu me iniciei no orixá [1972], tomei cargo de babaquequerê no *Axé de Oyá* [...]. Eu comecei a entender o orixá, passei 14 anos dentro da casa dele. Eu fui praticamente criado na roça de Candomblé. [...] Meu pai de santo sempre falava que eu ia ser o herdeiro dele. Quando foi em 1985, terminei o curso técnico em Contabilidade e, em 1986, vim para João Pessoa. Eu tinha um problema de saúde muito grave. Sempre a saúde para poder chegar a vencer. [...] Fui para a Fazenda Cuiá em 1986 e abri o *Ilê Axé Odé Onitá*, que é a primeira casa de Candomblé Queto em João Pessoa [...]. Meu pai, Jackson, veio, abriu minha casa e depois fui para Brasília [...] para fazer os meus 14 anos de iniciado e trocar de pai de santo. [...] Manoel Bispo de Souza [Pai Motumbá], do *Ilê Axé Keci*, na Ilha de Vera Cruz, Bahia, é quem está como meu atual pai de santo. Meu pai de santo é de Oxaguiã,[34] ele pagou obrigação de 25 anos com a iá Lourdes de Oyá, que é filha de iá Tieta de Yemanjá, do *Terreiro da Casa Branca*, Bahia. Nossas raízes são da *Casa Branca*.

Pai Erivaldo de Oxum é hoje o babalorixá que tem a maior família de santo[35] na Paraíba, tendo iniciado mais de 250 pessoas em sua roça de Candomblé.

---

32 Pai Erivaldo de Oxum é funcionário público e militante religioso. Atualmente, é presidente do Instituto Nacional da Tradição e Cultura Afro-Brasileira (Intecab) e promove anualmente o Chá da Paz, evento destinado a todo o povo de terreiro e à comunidade em geral.

33 O termo bori — junção das palavras em ioruba *bo*, oferenda, e *ori*, cabeça — significa "oferenda à cabeça". Do ponto de vista da interpretação do ritual, pode-se afirmar que o bori é uma iniciação à religião. Na realidade, é a grande iniciação, sem a qual nenhum iniciado pode passar pelos rituais de raspagem, ou seja, pela iniciação ao sacerdócio.

34 Oxaguiã, na mitologia iorubá, é um jovem guerreiro, um Oxalá jovem, filho de Oxalufã. É identificado no jogo de merindilogun pelo odu "ejionile" e representado, material e imaterialmente, por seu assentamento sagrado denominado "ibá oxaguiã".

35 *Família de santo* é um termo usado no Candomblé e nas religiões afro-brasileiras para indicar as pessoas do mesmo axé. É como uma família civil, em que o filho de santo tem um pai de santo, um avô de santo etc. até chegar ao primeiro africano que trouxe o axé da África

Segundo ele, o *Ilê Axé Kossi Odé Onitá* tem como meta o crescimento da religião em João Pessoa, na Paraíba e no Brasil. Pai Erivaldo nos informou que foi muito difícil edificar uma roça de Candomblé em João Pessoa, pois foi muito mal recebido por parte dos vizinhos e mesmo por algumas pessoas da religião. Ele relata que, durante uma festa de Candomblé, sua casa chegou a ser apedrejada.

A seguir, um quadro que lista as casas de Candomblé que são filiais do *Ilê Axé Ode Onitá*, tendo suas sacerdotisas e sacerdotes iniciados por Pai Erivaldo.

Ialorixá/Babalorixá	Orixá regente	Localização da Roça de Candomblé
Mãe Aspézia	Oxum	Souza, PB
Mãe Chaguinha	Oxum	Mangabeira, João Pessoa, PB
Mãe Mércia*	Oxum	José Américo, João Pessoa, PB
Mãe Raimunda**	Iansã	Rangel, João Pessoa, PB
Pai Assis	Iansã	J. Paulo II, João Pessoa, PB
Pai Anderson	Oxum	Cajazeiras, PB
Pai Camilo	Iansã	Funcionários II, João Pessoa, PB
Pai Edson	Oyá Fefe (Iansã)	Planalto Sul, João Pessoa, PB
Pai Ipojuca	Oxalufã	Sapé, PB
Pai Júnior**	Iansã	Mangabeira, João Pessoa, PB
Pai Junior Rungbono	Oxalufã	Mangabeira, João Pessoa, PB
Pai Juscelino	Oxum	Mandacaru, João Pessoa, PB
Pai Léo	Ayrá (Xangô)	Nova Mangabeira, João Pessoa, PB
Pai Maurílio	Oxum	Funcionários II, João Pessoa, PB
Pai Marcone	Ogunjá (Ogum)	Souza, PB

Ialorixá/Babalorixá	Orixá regente	Localização da Roça de Candomblé
Pai Mano	Oxóssi	Fazenda Cuia, João Pessoa, PB
Pai Rychelmy	Exu	Natal, RN

* Mãe Mércia é neta de santo de Pai Erivaldo.

** Pai Júnior e Mãe Raimunda, ambos de João Pessoa, atualmente, estão sem roça aberta.

Fonte: Pai Erivaldo de Oxum, *Ilê Axé Ode Onitá*, João Pessoa, PB.

Na Paraíba, a primeira casa de Jeje foi instituída pela Doné[36] Renilda de Oxóssi (Jeje-Savalu), em 1996, raiz do *Terreiro Cacunda de Yayá*, de Salvador. A casa já existia, mas passou para a nação Jeje nesse ano. Mais tarde, o *Ilè Ajagunan Axé Odò ti Fádáká* foi inaugurado em 14 de abril de 2004 pelo babalorixá André Ti Oxaguian (Jeje-Nagô), raiz da *Casa Fanti-Ashanti*, do Maranhão.

Doné Renilda, natural de João Pessoa, começou a vida religiosa aos nove anos de idade, no bairro de Cruz das Armas, onde morava. Ela passava por alguns problemas de saúde, então seu pai, José Luiz de Albuquerque, procurou uma rezadeira. A mulher o aconselhou a levá-la para ver um pai de santo. O senhor José procurou o babalorixá Pai Luizinho, iniciado na nação Nagô, que acolheu Renilda.

Pai Luizinho e Pai Josué de Ogum cuidaram espiritualmente da menina e, aos 15 anos de idade, ela foi iniciada na Umbanda, tendo passado também pela iniciação ao culto da Jurema Sagrada. Em 1972, Mãe Renilda, seguindo a orientação de Pai Luizinho, fundou o *Terreiro de Umbanda Vovó Maria Minas*,[37] na Rua do Rio, em João Pessoa, adquirindo seu prédio com recursos próprios. Em 1978, Mãe Renilda mudou o endereço do terreiro para a Avenida dos Palmares, em Cruz das Armas. Com o falecimento de Pai Luizinho, em 1983, Mãe Renilda ficou um período à

---

36 Termo usado para designar um cargo exclusivamente feminino do Candomblé Jeje, semelhante à ialorixá do Candomblé Queto.

37 Primeiro nome do que hoje é o *Ilê Tatá do Axé*.

procura de um pai ou mãe de santo para substituir o falecido[38] e renovar sua família de santo. Segundo ela:[39]

> Eu cheguei até Mãe Flor através de um filho de santo dela que conheci num seminário do Movimento Negro, em Salvador. Ele me levou até ela e, como meu pai de santo havia falecido, eu estava procurando uma mãe de santo. Ao chegar à *Cacunda de Yayá*, conheci Mãe Flor e percebi que aquela seria a minha nova casa. Em julho de 1996, fiz minha obrigação com Mãe Flor. Troquei de folha, ou seja, saí da Umbanda com Nagô e fui para o Candomblé de Jeje, onde sou muito feliz. Com a mudança, quase todas as filhas e filhos afastaram-se da casa, ficando apenas 4 filhas e filhos. Depois fomos recomeçando e nossa família de santo foi e continua crescendo, expandindo-se. Eu sou uma mulher que funda, mas não afunda. Não tenho medo de recomeçar.

Ilê Tata do Axé é o novo nome dado ao *Templo de Umbanda Vovó Maria Minas*. Além de templo religioso, o ilê funciona como instituição que desenvolve trabalhos socioculturais, como a distribuição de sopa para a comunidade em geral, o repasse de cestas básicas dos programas federais e o bloco carnavalesco Mocotó com Melancia, que já tem cinco anos de folia de rua.

Em Cruz das Armas, além dos trabalhos sociais, Mãe Renilda desenvolve um trabalho na área da Comunicação Social ao apresentar o programa radiofônico *Afro Brasil*, que é produzido por seu filho de santo Cleyton Ferrer[40] (Dofono Obá Iná) e veiculado aos sábados pela Rádio Tabajara AM 1110Kz. Além disso, é solicitada com frequência pela imprensa para dar entrevistas sobre as religiões afro-brasileiras e para fazer as previsões de fim de ano por meio do jogo de búzios. Entre alguns títulos recebidos, a

---

38 Nas religiões afro-brasileiras, quando falece um pai ou mãe de santo, todos os filhos iniciados por ele devem, imediatamente após os rituais fúnebres, procurar um substituto. No Candomblé, existem os herdeiros do axé, que são pessoas predeterminadas pelo orixá para dar seguimento àquela família de santo.

39 Entrevista concedida ao autor no dia 13 de julho de 2010, em seu apartamento, no bairro dos Bancários, João Pessoa, PB.

40 Cleyton Araújo Ferreira é radialista, bacharel em Comunicação Social e iniciado no Candomblé para o orixá Xangô Ayrá, em 2009, por Mãe Renilda e Pai Carlos de Ayrá, no *Ilê Tatá do Axé*.

Assembleia Legislativa da Paraíba conferiu a Mãe Renilda o título de Dama do Candomblé Paraibano, e o *Terreiro Ogum Deí*, em Salvador, deu-lhe o título de Mãe das Mães. Atualmente, seu terreiro está localizado em Mangabeira II. Ela também conseguiu, judicialmente, que em seu registro civil constasse "Mãe Renilda Bezerra de Albuquerque". Vejamos, a seguir, o quadro dos terreiros que fazem parte da família de santo do *Ilê Tatá do Axé*:

Nome do(a) responsável	Orixá	Localidade
Ialorixá Lúcia Omideiym	Oxum	Valentina Figueiredo, João Pessoa, PB
Ialorixá Lúcia Dorioman	Iemanjá	Funcionários IV, João Pessoa, PB
Babalorixá Ramos Obá Iná	Xangô Ayrá	Magé, RJ
Babalorixá Eruyamin	Oxumarê	Conjunto Mariz, Bayeux, PB

Fonte: Mãe Renilda, *Ilê Tatá do Axé*, João Pessoa, PB.

Nos dias atuais, existem diversas casas de Candomblé espalhadas pela Paraíba. Parte considerável dos pais e mães de santo paraibanos foram se iniciar em Salvador ou, quando migraram da Umbanda para o Candomblé, foram procurar as raízes do Candomblé baiano e mesmo do pernambucano, no caso do Nagô. Temos pais e mães iniciados no *Gantois, Casa Branca do Engenho Velho, Opo Afonjá, Cacunda de Yayá*, todos em Salvador, bem como na *Casa de Pai Edu* e no *Sítio do Pai Adão*, no Recife, e na *Casa Fanti-Ashanti*, de Talabyan Euclides, no Maranhão.

O Candomblé praticado na Paraíba tem buscado laços de identidade com o mais tradicional Candomblé brasileiro, contribuindo para um rico intercâmbio cultural-religioso nordestino, bem como tentando preservar o que há de mais forte nessa religião: a tradição ancestral. A uniformização litúrgica das festas de diferentes nações no estado indica que o Candomblé tem crescido em número de adeptos e busca manter o orixá como seu maior referencial.

PARTE III

AS FEDERAÇÕES DOS CULTOS AFRO-BRASILEIROS E AMERÍNDIOS PARAIBANOS

1. A ORGANIZAÇÃO DO TERREIRO E A ATUAÇÃO DAS SACERDOTISAS E DOS SACERDOTES NOS ESPAÇOS DE DISCUSSÃO

Neste capítulo, faremos uma reconstrução histórica da organização das religiões afro-brasileiras paraibanas. Os terreiros, em sua maioria, são uma representação dos pequenos reinados africanos e das sociedades matriarcais, e neles a vida religiosa é organizada sob forte estrutura hierárquica.

Os recursos financeiros para a manutenção do terreiro advêm principalmente da mãe ou do pai de santo, das contribuições dos filhos de santo e também das consultas espirituais pagas por aqueles que vão à procura de atendimento na casa. Estes, por sua vez, quase nunca são adeptos das religiões afro-brasileiras, sendo de diversas outras denominações religiosas ou de nenhuma.

O osé (limpeza) dos terreiros é realizado em dias combinados pela coordenação junto às filhas e filhos de santo. Geralmente termina com uma oferenda ao orixá da casa: após o osé, os filhos se reúnem no terreiro, rezam e confraternizam, repartindo o ajeum (comida oferecida ao orixá da casa).

As festas dos orixás e das entidades da Jurema são proporcionadas pela família de santo e por alguns simpatizantes que têm predileções pelas entidades festejadas. Como já foi mencionado, os rituais de iniciação são financiados pelos iniciados e, quando da dificuldade financeira destes, pela comunidade religiosa, o que é chamado em algumas casas de "iaô de misericórdia". Segundo Silva (2009, p. 49):

> Quase nunca o terreiro é um edifício construído específica e exclusivamente para esse fim. Na maioria dos casos, é a adaptação ou o aproveita-

> mento de um espaço na casa do pai ou da mãe de santo [...], isso faz com que os espaços profanos e sagrados nunca estejam totalmente delimitados.

As administrações dos terreiros são independentes, não havendo um padrão organizacional. O terreiro é, em suma, um lócus corporativo autônomo e heterogêneo. Em alguns, pode haver instâncias consultivas, fiscalizadoras e deliberativas; em outros, apenas deliberativa, centrada na figura da chefia da família de santo, a ialorixá ou o babalorixá. A vivência nessas comunidades dependerá da postura e da visão da chefia religiosa. Não se pode afirmar que práticas centralizadoras estejam associadas exclusivamente à formação intelectual da ialorixá ou do babalorixá. Os filhos andam, geralmente, conforme os pais. Nas últimas duas décadas, a presença de sacerdotisas e sacerdotes das religiões afro-brasileiras nos movimentos sociais e na academia tem contribuído para uma sutil mudança no discurso desses religiosos, e até mesmo no perfil destas religiões: a inserção de sacerdotisas e sacerdotes, bem como de filhas e filhos de santo, o que podemos chamar genericamente de "povo de santo", tem contribuído para que as religiões afro-brasileiras adentrem os espaços de discussão e de representação junto ao Estado, na luta por políticas públicas para as comunidades tradicionais de terreiro.

Podemos mencionar como precursoras desse movimento de inserção de sacerdotisas afro-brasileiras nos espaços públicos de discussão Mãe Stella, do *Ilê Axé Opó Afonjá*, de Salvador, com seu célebre manifesto contra o sincretismo afro-católico, e Mãe Beata de Yemanjá, do Rio de Janeiro, ambas escritoras sobre a temática dos orixás, além da atriz Chica Xavier,[1] com seu trabalho sociocultural com danças e desfiles, apresentando os orixás em eventos por todo o país. Elas ministravam palestras sobre as religiões afro-brasileiras no Brasil e no exterior. Chica Xavier interpretou, em filmes, seriados e novelas, personagens de ialorixá ou congêneres — nesse caso, a ficção se uniu à realidade, já que a atriz é também sacerdotisa.

---

[1] A atriz e ialorixá Francisca Xavier Queiroz de Jesus participou de um encontro, em 2004, na cidade de Maceió, AL, onde o autor também esteve presente representando a cidade de Santa Rita, PB, através da Escola Estadual Enéas Carvalho, promovido pelo MEC em parceria com a Secretaria de Educação e Cultura do Estado da Paraíba.

Ao citar essas três mulheres, as duas primeiras do Candomblé e Chica Xavier da Umbanda, nos referimos a pessoas públicas que adquiriram visibilidade na mídia. Mas existem muitas outras sacerdotisas e outros sacerdotes que desenvolvem esse trabalho em todos os estados do país e que têm visibilidade e reconhecimento local. Trata-se de uma religiosidade engajada. Assim, a necessidade de preservação das tradições orais, uma das características das religiões afro-brasileiras, é reforçada pelo desejo de preservação da religiosidade e dos avanços sociais. Só se respeita o que se conhece e se admira. Logo, esses militantes religiosos têm conquistado cada vez mais respeito por se fazerem conhecer.

Há diversas formas de organização social do povo de santo, como federações, movimentos sociais de negros, mulheres, religiosos, partidos políticos, grupos de estudos nas instituições de ensino superior, organizações não-governamentais, espaços de memória e até mesmo cargos exercidos na administração pública.

Como vimos, a primeira forma de organização das comunidades tradicionais se dá no próprio terreiro; alguns têm natureza jurídica, com diretoria executiva, conselho fiscal, conselho religioso etc. O terreiro é a representação de uma casa onde vive uma família sob as ordens da mãe, do pai ou de ambos. Os direitos e os privilégios das filhas e dos filhos dependerão do tempo de iniciação, isto é, do tempo de nascimento para a vida religiosa.

Por muito tempo, o terreiro permaneceu isolado, sem conexão com outros terreiros nem difusão ou interação com a comunidade. Um dos fatores decisivos para congregar o povo de santo foi a coibição policial, o forte aparato repressor implantado pelo Estado em atendimento ao apelo de líderes religiosos cristãos. Surgiram, então, as federações, mas estas não são a primeira forma de organização das religiões afro-brasileiras, elas nasceram com o signo do século XX, urbano e industrializado, no qual o acesso à escolarização do proletariado ocorria a pequenos passos.

Na verdade, os quilombos e as irmandades negras foram as primeiras formas de organização dos negros escravizados no Brasil, com suas manifestações religiosas e suas crenças. Nos quilombos, o culto aos orixás ocorria livremente, de acordo com as nações dos quilombolas. Já as irmandades dos pretos[2] eram, geralmente, compostas de mulheres devotas de santos católicos negros, como São Benedito, Nossa Senhora do Rosário da Boa Morte, Santa Efigênia, etc. Por trás de expressões culturais como os congados, organizava-se o Candomblé, religião nascida em Salvador.

> Os negros, impedidos de participarem das irmandades dos brancos, foram reunidos em irmandades religiosas próprias, separadas segundo a cor da pele e a condição de escravo ou de liberto. [...]
>
> Em geral, essas irmandades reuniam escravos de uma mesma nação africana e muitas vezes eram exclusivas de homens ou de mulheres. Na Bahia, os daomeanos (jejes) foram agrupados na Confraria do Senhor da Redenção, os negros angolas na Ordem Terceira do Rosário [...]. (SILVA, 2005, p. 40-41)

Durante a Era Vargas (1930-1945), intensificou-se junto ao Estado Novo a perseguição policial às religiões afro-brasileiras: o Candomblé baiano e a Macumba e a Umbanda cariocas. Nesse cenário de exorcismo cristão, as diversas manifestações do Espiritismo contribuíram para a formação das primeiras federações espíritas. Foram os intelectuais kardecistas que primeiro se organizaram em federações. Os chamados espíritas umbandistas reagiram às perseguições, seguindo o modelo dos kardecistas e recriando um novo padrão de comportamento e organização social.

> Em 1932, Zélio de Moraes e outros líderes da religião fundaram, no Rio de Janeiro, a primeira federação de Umbanda. A União Espírita de Umbanda do Brasil — cuja finalidade era congregar os grupamentos religiosos fundados sob a orientação do Caboclo das Sete Encruzilhadas — foi a principal articuladora do I Congresso do Espiritismo de Umbanda, ocorrido em 1941, a fim de homogeneizar a doutrina e a codificação ritual da religião. (OLIVEIRA, J. 2003, p. 47)

A historiadora Diana Brown (1985) vê a década de 1940 como uma divisora de águas na organização da Umbanda. A partir da fundação da primeira

2   Sobre as irmandades, cf.: SILVA, 2010.

federação, alastrou-se um fenômeno de surgimento em série de federações por todo país. Após o Rio de Janeiro, os estados de São Paulo, Minas Gerais, Rio Grande do Sul, Pernambuco, entre outros, aderiram a essa forma de organização. Neles, assim como em outros estados, dissidências entre os membros dos diretórios executivos fizeram surgir outras federações. Até a década de 1970, os estados da Paraíba e do Rio Grande do Norte possuíam apenas uma federação umbandista. Nessa mesma época, o Candomblé era quase que exclusivamente da Bahia, de Pernambuco e do Maranhão. Renato Ortiz (1978, p. 170), remetendo à falta de pesquisas aprofundadas centradas nas federações afro-brasileiras, afirma:

> Neste processo de sistematização do produto umbandista, uma centralização de poder decisório torna-se indispensável; é aqui que as federações vão se manifestar com toda força. A finalidade desse órgão é centralizar e monopolizar o poder, transformando-se ao mesmo tempo nos únicos representantes legítimos, e até mesmo legais, da religião. O quadro geral das federações umbandistas é heterogêneo, por outro lado, faltam informações para que se possa estudar em detalhe esse aspecto da questão; podemos, entretanto, situar o problema.

Silva (2005), ao analisar o papel das federações umbandistas, de seus intelectuais e dos trabalhos produzidos em congressos, refere-se a uma herança tensa da subalternidade da religião a essas organizações federativas, conforme esclarecido por Ortiz (1978).

As federações afro-brasileiras foram se desenhando com a "cara" da nova religião brasileira: a Umbanda. Uma Umbanda dividida entre o desejo de ser "branca", segundo o modelo europeu espírita, e "preta", segundo a raiz africana do Candomblé. Mas, antes de tudo, almejando ser reconhecido o seu *status* de religião. Uma religião para todos, universal e de caráter local, ao mesmo tempo.

As federações multiplicam-se dialeticamente. Ainda falta muito para se obter um esboço melhor, a "cara" das federações afro-brasileiras. Sobre as dificuldades de organização dessas religiões, Prandi (2004) aponta questões de ordem interna e externas:

As federações de Umbanda e Candomblé, que supostamente uniriam os terreiros, não funcionam, pois não há autoridade acima do pai ou da mãe-de-santo (Concone e Negrão, 1987). [...]. Não há organização empresarial e não se dispõe de canais eletrônicos de comunicação. Sobretudo, nem o candomblé em suas diferentes denominações nem a umbanda têm quem fale por eles, muito menos quem os defenda. Muito diferente das modernas organizações empresariais das igrejas evangélicas, que usam de técnicas modernas de marketing, que treinam seus pastores-executivos para a expansão e a prosperidade material das igrejas, que contam com canais próprios e alugados de televisão e rádio, e com representação aguerrida nos legislativos municipais, estaduais e federal. Mais que isso, a derrota das religiões afro-brasileiras é item explícito do planejamento expansionista pentecostal [...].

As federações umbandistas surgiram espelhadas no modelo espírita e expandiram-se para os candomblecistas. A princípio, as funções primordiais das federações eram dar assessoria jurídica aos terreiros vitimados pelas perseguições policiais, fiscalizar práticas religiosas doutrinárias e promover atividades religiosas conjuntas, bem como ministrar cursos de formação religiosa e profissional. Os três primeiros congressos de Umbanda — sediados no Rio de Janeiro nos anos de 1941, 1961 e 1973 — construíram os alicerces das federações. No terceiro congresso, em 1973, o 15 de novembro foi instituído como o Dia Nacional da Umbanda, em homenagem a sua fundação em 15 de novembro de 1908 pelo Caboclo das Sete Encruzilhadas, incorporado no médium Zélio de Moraes. Negrão (1994), no clássico *Entre a cruz e a encruzilhada*, faz uma pesquisa riquíssima sobre a Umbanda, incluindo sua organização política. Sobre a Umbanda paulistana, o autor, em um artigo anterior faz um contraponto entre as organizações locais e gerais:

Federações de terreiros e estes próprios constituem um subcampo específico dentro do campo religioso global, assumindo as primeiras o caráter de uma ortodoxia exercida por presidentes e líderes, frente à contestação mágica dos segundos, exercida pelos pais de santo. [...] Constituem as federações as instâncias de racionalização e moralização do culto, fiadoras do comportamento de umbandistas e seus "guias" em consonância com os padrões vigentes, tendo como orientação o público externo, na medida em que pretendem ser mediadoras entre o próprio culto e os agentes significativos da sociedade global. (NEGRÃO, 1994, p. 114-115)

Ainda sobre as constantes divergências e dissidências entre as federações na Paraíba, bem como nas demais regiões do país, Silva (2009, p. 78-79) levanta questionamentos fruto de pesquisa realizada por ele em terreiros de Umbanda de João Pessoa e a visão dos pais e mães de santo por ele pesquisados:

> Pelo histórico desses conflitos federativos, podemos observar que a maioria das federações dos cultos afro-pessoenses acaba por assumir um caráter personalista, não apresentando em sua organização uma efetiva democracia, subjugando seus filiados muitas vezes a cobranças abusivas de taxas sem prestar serviços básicos. É comum notarmos toda a transferência do poder federativo aos ditames pessoais, onde se nota que os conflitos que transformaram as federações em peças de um grande quebra-cabeças, constantemente remontado, transbordando as atividades e preceitos da instituição para a esfera privada.

Na Paraíba, a Umbanda surgiu oficialmente por decreto. Entre as décadas de 1930 e 1960, a Jurema era a única manifestação da religiosidade afro-ameríndia no estado e foi duramente perseguida. Seus adeptos, por vezes, foram presos e torturados durante o período político que foi da Era Vargas à Ditadura Militar (1964-1985). A Umbanda chegou à Paraíba no fim da década de 1950 e ganhou representação com o *Terreiro de Umbanda Ogum Beira-Mar*, de Mãe Marinalva, vítima de perseguição policial frequente.

Chamamos a atenção aqui para dois movimentos dentro do movimento de liberação dos cultos afro-brasileiros na Paraíba, os quais culminaram com a formação da primeira federação paraibana: a luta — ora isolada e depois conjunta — de Mãe Marinalva, em João Pessoa; e a luta de um grupo de juremeiras e juremeiros na Grande João Pessoa, que se estendeu pelo interior do estado e até para outros. Neste grupo estavam Carlos Leal Rodrigues, Cícero Tomé, de João Pessoa, e Mãe Rita Preta, de Santa Rita.

Mãe Rita Preta, ao lado de Mãe Laura e de Mãe Izaura, de Santa Rita; Mãe Cleonice e Maria do Peixe (seu filho biológico, Pai Neno de Oyá, é seu sucessor), de João Pessoa; e outras que já faleceram, são algumas das juremeiras mais antigas da Paraíba. Mãe Marinalva é a ialorixá mais antiga da Umbanda, e Pai Osias é sucessor de um dos terreiros de Umbanda mais antigos do estado. No Candomblé, Pai Jackson de Oyá é o precursor do Queto em Cajazeiras, seguido por Tata Afonso, angoleiro,[3] Pai Erivaldo, do Queto, e Mãe Renilda, do Jeje, estes três últimos em João Pessoa. Mas a história da organização dessas religiões vem de muito longe.

Mesmo sabendo-se que desde a primeira Constituição republicana (1891) o Brasil passou a ser um estado laico com o fim do padroado, na prática, isso não ocorreu nas sete décadas seguintes, marcadas pela forte perseguição policial aos adeptos das religiões afro-brasileiras.

É importante lembrar que as leis brasileiras foram construídas sob uma hegemonia racista e sofreram forte influência das leis portuguesas. Por três séculos, nosso código de leis foi praticamente uma cópia do de Portugal. Hédio Silva Jr. (2014, n.p.) assegura que:

> Até a outorga da Constituição Política do Império do Brasil, de 25 de março de 1824, seguida da edição do Código Criminal do Império do Brasil, de 1830, o país esteve sob a égide das chamadas Ordenações do Reino — as Ordenações Afonsinas (1446-1521), Manoelinas (1521-1603) e Filipinas (1603-1830) —, assinaladas as influências do Direito Canônico e especialmente do Direito Romano.

Esses códigos de leis racistas e intolerantes contribuíram bastante — durante toda a história brasileira, passando por Colônia, Império e estendendo-se até a República — para um forte aparato de perseguição policial à cultura dos escravizados, incluindo sua religiosidade. O Código Filipino, em seu título LXX, "criminalizava reuniões, festas ou bailes organizados por escravos" (SILVA JR., 2014, n.p.).

---

3   Diz-se angoleiro o seguidor do Candomblé de Angola.

O Código Criminal do Império do Brasil, editado em 16 de dezembro de 1830, deu prosseguimento, entre seus 312 artigos, a uma legislação racista e excludente. Em seu artigo 276, "punia a celebração, propaganda ou culto de confissão religiosa que não fosse a oficial" (SILVA JR., 2014, n.p.). Já o Código Penal Republicano, editado em 11 de outubro de 1890, vigorou antes mesmo da primeira Constituição republicana, datada de 24 de fevereiro de 1891. Este, por sua vez, teve caráter extremamente repressivo à cultura do povo negro, criminalizando e punindo a capoeiragem (art. 402), o curandeirismo (art. 158) e o Espiritismo (art. 157). Silva Jr. (2014) nos mostra que o Código Penal de 1940 (vigente até os dias atuais) continuou perseguindo a cultura dos escravizados, condenando o charlatanismo (art. 283) e o curandeirismo (art. 284).

Conforme mencionado, a Umbanda foi criada em 1908 e tornada pública somente na década de 1930. Na década de 1960, chegou à Paraíba, onde a Jurema era a regra. Do Candomblé, pouco ou nada se conhecia.

Relatos de delegacias remontam à guerra declarada do estado às "feiticeiras, catimbozeiras, curandeiras, rezadeiras" adeptas da Jurema. A mestra Joana Pé de Chita[4] foi ícone dessa guerra violenta, sendo, por vezes, presa em sua residência no distrito de Santo Amaro, na várzea de Santa Rita, onde plantou pés de jurema entre as décadas de 1930 e 1940. Segundo Mãe Rita Preta, a família Santiago — dona de grandes propriedades em Santa Rita e, por conseguinte, da propriedade onde vivia a mestra — protegia e soltava Joana Pé de Chita após suas prisões, muitas vezes com sua pequena mesa[5] na cabeça.

---

4 Juremeira afamada que viveu e passou seus últimos dias na cidade de Santa Rita, PB, nas várzeas da cidade, onde se localizava o Engenho Tibiry. Muito procurada quando viva, Joana Pé de Chita tinha uma vida muito simples, rural, e atendia as pessoas que a buscavam para ensinar a preparar remédios naturais e dar passes espirituais. Após sua morte, Joana Pé de Chita foi juremada (como são chamadas as pessoas que retornam, espiritualmente, na linhagem da Jurema Sagrada como mestras, caboclas ou índias), manifestando-se em médiuns de todo o Brasil e do exterior como Mestra Joana Pé de Chita. Suas manifestações são identificadas, sobretudo, pelo fato de a entidade chegar cantando seu ponto: "Que cidade é aquela/ é a várzea de Santa Rita/ Que cidade é aquela/ é a várzea de Santa Rita/ Vamos saravá a mestra, salve Joana Pé de Chita/ Vamos saravá a mestra, salve Joana Pé de Chita".

5 Como dito anteriormente, na Jurema Sagrada existem três formas de culto: a Jurema Batida ou Tocada, na qual a gira é feita ao som dos ilus; a Jurema de Chão, cujos médiuns ficam sentados no chão em forma de círculo e utilizam-se de palmas e

As perseguições perduraram nas décadas seguintes. Na década de 1960, Mãe Rita Preta conheceu Carlos Leal Rodrigues por intermédio de Mãe Teinha de Iansã (*in memoriam*), de Cruz das Armas. Mãe Teinha e Carlos Leal foram os primeiros sacerdotes de Mãe Rita Preta e de Mãe Laura de Oyá, ambas de Santa Rita. Logo, Mãe Rita Preta e Carlos Leal Rodrigues juntaram-se ao também juremeiro Cícero Tomé, que era investigador policial, e começaram a discutir uma forma de organizar e agrupar os adeptos da Jurema e da Umbanda para criar uma federação que priorizasse, como bandeira de luta, a liberação dos cultos afro-brasileiros paraibanos. Segundo Mãe Rita Preta:[6]

> Eu lutei muito para fundar a Federação dos Cultos Africanos da Paraíba junto com mestre Carlos Leal e Ciço [sic] Tomé. Nós viajamos a Paraíba inteira num carro, visitando terreiro por terreiro. E tudo era muito escondido, alguns nos sítios, ninguém dava informação com medo da polícia. Tomei água até do chão, das poças. A gente comia o que aparecia e dormia ou no carro ou no chão limpo, para no outro dia continuar sertão a fora [...] Carlos Leal foi preso em Itabaiana (1966) porque ele tava com os papéis da "libertação" [entenda-se liberação] dos cultos de Umbanda. Aí o delegado prendeu ele dizendo que ele era mentiroso, porque o doutor João Agripino não aceitava essas coisas. A gente era muito perseguido. Quando ligaram para João Pessoa, disseram ao delegado que Carlos Leal não estava mentindo, aí ele foi solto. Eu fiquei o dia inteiro fora da delegacia esperando a soltura dele. Aí o delegado me perguntou: "A senhora cultua satanás?". Eu respondi "Não, senhor, eu cultuo, amo os orixás". No dia da libertação [sic] dos cultos africanos, a gente fez uma festa em Cruz das Armas, mas na festa soltaram fogos e queimou-se duas casas de palha, mas o doutor João Agripino estava lá, e fez depois as casas de tijolo.

maracás; e a Jurema de Mesa, em que os médiuns sentam-se ao redor de uma mesa devidamente preparada, concentram-se e incorporam suas entidades. Esta última, por ser mais simples, era a mais utilizada na época de Joana Pé de Chita.

6 Entrevista concedida ao autor no dia 10 julho de 2000, no *Templo de Umbanda Caboclo José de Andrade*, no bairro de Santa Cruz, Santa Rita, PB.

Mãe Rita Preta é um dos maiores documentos vivos que temos na Paraíba, dentro das religiões afro-brasileiras. Além de ser precursora da iniciação na Jurema, tendo se iniciado em 1945, em Pernambuco, participou ativamente e foi fundadora da Federação dos Cultos Africanos da Paraíba, em dezembro de 1966, quando da aprovação da lei que liberou os cultos afro-brasileiros no estado. Em 1973, Mãe Rita Preta participou do III Congresso Umbandista no Rio de Janeiro, bem como viajou para São Paulo, Brasília, Bahia, Minas Gerais, entre outros estados das regiões Sul e Norte, durante o processo de organização das federações umbandistas.

Após a criação da Federação dos Cultos Africanos da Paraíba, seu primeiro presidente foi Carlos Leal Rodrigues, que ocupou o cargo de 1966 até a sua morte, em 1982. Embora fosse filho de santo de Mãe Marinalva, segundo ela, Carlos Leal nunca fora iniciado na Umbanda, mas iniciou várias pessoas sob a orientação de Mãe Teinha.

Segundo relatos de sacerdotisas e sacerdotes antigos, Carlos Leal era muito rígido com os religiosos, bastante temido por todos e querido por muitos também. Morreu em um acidente automobilístico na BR-230. Com sua morte, a presidência da Federação Paraibana dos Cultos Africanos foi assumida temporariamente por Emídio do Oriente, oriundo de Campina Grande, que, em seguida, indicou Valter Pereira, que também não era iniciado nas religiões afro-brasileiras — ele era comerciante e tinha uma loja de artigos religiosos umbandistas em João Pessoa. Valter Pereira assumiu o cargo na década de 1980 e o exerce até os dias atuais, sem pretensão de sucessão.

Paralelamente ao movimento pró-liberação dos cultos afro-brasileiros na Paraíba, encabeçado por Mãe Rita Preta, Carlos Leal Rodrigues e Cícero Tomé, em João Pessoa, Mãe Marinalva construiu um capítulo importante dessa história com sua luta solitária e consistente.

Desde o fim da década de 1950, ela atendia pessoas doentes e carentes em sua casa, incorporada com entidades da Jurema. Em 1960, abriu o terreiro, mas logo começaram as perseguições policiais. Vinda da Bahia, onde se iniciara na Umbanda em 1950, Mãe Marinalva fazia culto aos orixás no bairro de Miramar. Próximo a sua casa havia um bar onde policiais frequentavam e se informavam sobre os cultos.

Mãe Marinalva conta que, em 1965, recebeu a visita de policiais em seu terreiro e que um deles, chamado Antonio Soldado, disse que o delegado Sílvio Fernandes havia mandado comunicar que ela estava proibida de "bater macumba".

Mãe Marinalva cultuava a Jurema às quartas-feiras e os orixás aos sábados. Com o presidente de seu terreiro, Manoel Vicente Ferreira, e seu filho de santo, Carlos Leal Rodrigues, foi até o secretário de segurança do estado, Robson Sena, para pedir autorização para o funcionamento do terreiro, o que lhe foi negado. Revoltada, Mãe Marinalva foi ao Grupamento de Engenharia e conversou com um oficial, a quem contou toda sua história. Ele enviou um bilhete ao secretário, sob os cuidados de Mãe Marinalva. Dessa vez, Robson Sena recebeu-a muito bem, oferecendo-lhe até um café. Mãe Marinalva criou o estatuto do terreiro em 1962, registrou-o em cartório e viajou para Recife, onde publicou em *Diário Oficial*, mas as perseguições continuaram. Então, ela teve a ideia de procurar os candidatos ao governo do estado para pedir ajuda. Segundo Mãe Marinalva:[7]

O meu sogro era cabo eleitoral de Ruy Carneiro. Eu fui lá com meu sogro e falei minha história. Aí ele olhou para mim e disse: "Mãe Marinalva, a senhora vá se preocupar com outra coisa, a senhora é jovem, acabe com esse negócio de macumba". Eu disse: "São suas palavras, doutor?", ele disse: "Sim!". Eu disse: "Pois agora mesmo eu vou procurar o outro candidato". Porque nesse tempo João Agripino era da ARENA, Ruy Carneiro era do MDB. Eu saí por lá a pé, nesse tempo ele morava perto de onde hoje é o Extra [Hipermercado localizado na Av. Epitácio Pessoa], eu fui na Rua das Trincheiras [centro da capital]. Ali era a casa da mãe do governador João Agripino. Eu fui com meu sogro. [...] Ele sentou-se ao meu lado, bateu na minha perna assim e disse: "O que deseja, Mãe Marinalva?". Eu não esqueci nunca. Eu contei minha história. [...] Ele disse: "Olhe, Mãe Marinalva, se eu ganhar nessa eleição eu libero a Umbanda e se eu não ganhar, eu libero.

---

7   Entrevista concedida ao autor no dia 5 de agosto de 2010, no *Terreiro de Umbanda Ogum Beira-Mar*, no Castelo Branco, João Pessoa, PB.

Prometo à senhora. Palavra de homem. Não é nem de governador" [...] Ele ganhou e em seguida ele liberou [...] O orixá dele era Iemanjá.

João Agripino governou entre 1966 e 1969, sucedendo o então governador Pedro Gondim (1962-1965), grande perseguidor das religiões afro-brasileiras e ameríndias no estado. O contato de Mãe Marinalva com João Agripino fez com que o governador se aproximasse da Umbanda e da Jurema. Ele passou a ser um cliente e frequentador do *Terreiro de Umbanda Ogum Beira-Mar*. Comumente, ele enviava pessoas que se diziam acometidas por problemas espirituais para serem cuidadas por Mãe Marinalva. Algumas vezes, mandava um helicóptero ao sertão para transportar essas pessoas até um campo descampado em Tambaú; junto, vinha um bilhetinho para que Mãe Marinalva os recebesse.

• • •

A Lei nº 3.443, de 6 de novembro de 1966, dispõe sobre o exercício dos cultos africanos no estado da Paraíba e foi um grande avanço. Baseando-se no artigo 33 da Constituição estadual, no artigo 59 do Ato Institucional nº 2, de 27 de outubro de 1965, e no artigo 32 §39 da Emenda Constitucional nº 1, de 22 de dezembro de 1965. Simples e enxuta, a lei conta com seis artigos:

Art. 1º. É assegurado o livre exercício dos cultos africanos em todo o território do Estado da Paraíba, observando as disposições constantes desta Lei.

Art. 2º. O funcionamento dos cultos de que trata a presente lei será em cada caso autorizado pela Secretaria de Segurança Pública, mediante a constatação de que se encontram satisfeitas as seguintes condições preliminares:

I. Quanto à sociedade:

Prova de que está perfeitamente regularizada perante a Lei Civil;

II. Quanto aos responsáveis pelos cultos:

Prova de idoneidade moral;

Prova de perfeita sanidade mental, consubstancia de um laudo psiquiátrico.

Art. 3º. Autorizado o funcionamento do culto, a autoridade policial nele não pode intervir, a não ser nos casos de infração à Lei Penal.

Art. 4º. Os cultos existentes à data desta Lei poderão funcionar, à título precário, até que satisfaçam, no prazo improrrogável de 180 (cento e oitenta) dias, a contar de sua vigência, os requisitos do Artigo 2º.

Art. 5º. Os diversos cultos em funcionamento diligenciarão a fim de ser instituída a Federação dos Cultos Africanos do Estado da Paraíba, a qual estarão subordinados, cabendo-lhe, entre outras atribuições, disciplinar o exercício desses cultos no estado e exercer a representação legal das atividades de suas filiadas.

Art. 6º. Esta Lei entrará em vigor na data de sua publicação, revogadas as disposições.

Palácio do Governo do Estado da Paraíba, em João Pessoa, 6 de novembro de 1966, 78º da Proclamação da República.

João Agripino.

Após a promulgação da Lei nº 3.443/66, os jornais de circulação diária no estado (*O Norte, A União* e *Correio da Paraíba*) estamparam matérias sobre sua repercussão entre os religiosos afro-paraibanos. O jornal *A União*, na edição de 6 de novembro de 1966, dia oficial da liberação, estampou a manchete "Governador vai ser homenageado hoje pelos terreiros de Umbanda", contendo o seguinte texto:

O governador João Agripino será alvo, a partir das 14 horas de hoje, de expressiva manifestação dos umbandistas de João Pessoa, cujos cultos serão levados a efeito, naquela oportunidade em homenagem a S.Excia. As manifestações de júbilo da família umbandista e as homenagens que hoje prestarão ao governador têm em vista a lei que o Chefe do Executivo assinará, assegurando o livre exercício dos cultos afro-negros em todo o território paraibano [...] As manifestações dos cultos de Umbanda [...] serão iniciadas às 14 horas com a reunião na *Tenda Espírita Caboclo Rompe-Mato*, considerado o fundador da Umbanda na Paraíba, dos diversos terreiros de João Pessoa [...] os umbandistas partirão [...] com destino à Penha, a fim de saudarem Iemanjá.

O cortejo continuou até a rua Félix Antônio, 1938. Lá a Federação dos Cultos Africanos do Estado da Paraíba montou um palanque e as mães e pais de santo da Umbanda homenagearam João Agripino, chamado por eles de Libertador, com o título de Presidente de Honra dos Umbandistas da Paraíba. Na ocasião, no terreiro de Mãe Cleonice, em Cruz das Armas, houve um pronunciamento do governador ovacionado com fogos e aplausos em festa duradoura.

Na foto, podemos constatar o gesto que Mãe Marinalva faz com a mão sobre a cabeça do governador João Agripino, em um ato simbólico no momento da assinatura da lei de liberação dos cultos afro. Na ocasião festiva, o salão da *Tenda Espírita Caboclo Rompe-Mato* estava decorado com folhas de mariô (dendezeiro), que é uma planta pertencente ao orixá Ogum, patrono daquele templo, e teve a presença de autoridades políticas e de sacerdotisas e sacerdotes umbandistas. O gesto de Mãe Marinalva eternizou a ideia de um governo patrono das religiões afro-paraibanas.

Mãe Marinalva, com a mão sobreposta sobre a cabeça do governador João Agripino, da Paraíba, no dia da promulgação da Lei nº 3.443, que liberou os cultos africanos no estado.
Foto: Casa de Mãe Cleonice, Cruz das Armas, João Pessoa/Acervo pessoal de Mãe Marinalva

De acordo com Mãe Rita Preta, presente no evento, na hora em que o governador assinou a lei soltaram uma girândola de fogos de artifício e as faíscas caíram por sobre algumas casas, que naquela época eram cobertas de palha. Isso causou um incêndio que as destruiu e o governador, imediatamente, autorizou sua reconstrução, dessa vez de alvenaria e com cobertura de telhas de cerâmica, o que foi feito nos dias seguintes.

Conforme podemos constatar, o processo avançou de Ato Institucional para Emenda e, finalmente, para Lei entre os anos de 1965 e 1966. Durante mais de três décadas, antes da assinatura da Lei n° 3.443/66, muitas juremeiras e juremeiros foram perseguidos, presos e torturados pelo aparato estatal, embora o exercício de culto, no Brasil, fosse garantido desde a criação da primeira Constituição republicana, em 1891. Contrariamente ao que se vivenciava na Paraíba, a Lei n° 4.898/65, art. 4°, alíneas "d" e "e", punia o abuso de autoridade decorrente de atentado à liberdade de associação, à liberdade de consciência e de crença, e ao livre exercício de culto religioso.

A Lei n° 3.443/66 autorizava os cultos, porém sob forte intervenção policial. A Secretaria de Segurança Pública ficou estabelecida como órgão regulador dos terreiros. Para garantir a atividade dos terreiros entre as décadas de 1960 e 1970, era necessário que a sacerdotisa ou o sacerdote fosse à delegacia de sua cidade para adquirir um alvará de funcionamento a cada semestre, pagando uma taxa e passando por humilhações e constrangimentos impostos pelos delegados, escrivães e policiais. Era necessário também que fossem a hospitais psiquiátricos para obter laudos de sanidade mental e tirassem certidões de antecedentes criminais nas delegacias.

Silva Jr. (2014, n.p.) informa que, na Bahia, a Lei n° 3.097, de 29 de dezembro de 1972, obrigou que, até 1976, os terreiros baianos a se registrassem na Delegacia de Polícia da Circunscrição. O caso da Bahia, terra do Candomblé, revela o forte traço da intolerância religiosa com as religiões afro-brasileiras no fim do século xx e mostra que a Paraíba a antecedeu na liberação desses cultos.

Após a publicação da Lei, as primeiras festas de Iemanjá, realizadas em 8 de dezembro devido ao sincretismo com Nossa Senhora da Conceição, aconteceram em frente à casa do governador João Agripino, na Avenida Cabo Branco. Segundo Mãe Marinalva, ela fazia uma procissão com a imagem do orixá, indo de Miramar, onde ela morava, até o Cabo Branco. O governador mandava construir um pavilhão e, com a família, colocava cadeiras na calçada para assistirem ao culto festivo do começo ao fim. Mãe Marinalva conta que, em uma dessas festas, na hora de despachar[8] as oferendas dos fiéis para Iemanjá, ela entrou em transe mediúnico, incorporando uma cabocla de Iemanjá, e entrou no mar. O governador João Agripino, por não entender o ritual e pensando que Mãe Marinalva iria se afogar, entrou no mar para buscá-la, preocupado.

Em 8 de dezembro de 1966, um mês após a liberação dos cultos afro-paraibanos, aconteceu a primeira festa pública de Iemanjá em João Pessoa, conforme publicou o jornal *Correio da Paraíba*,[9] em 7 de dezembro do mesmo ano, com o título "Festa de Iemanjá amanhã nas praias de João Pessoa":

> Os membros da Federação dos Cultos Africanos da Paraíba estarão amanhã prestando homenagens à Iemanjá nas praias de João Pessoa. A festa terá início às 6 horas, com hinos sacros da Umbanda vibrando as divindades, prosseguirá por todo o dia, até as 23 horas, quando nas proximidades da residência do governador João Agripino sairão em procissão até o mar, onde invocarão a poderosa Mãe do Universo.

A festa de Iemanjá é o maior evento público das religiões afro-brasileiras na Paraíba. Até hoje é promovida pela Federação dos Cultos Africanos da Paraíba e atrai milhares de pessoas — entre umbandistas, visitantes e simpatizantes de Iemanjá — que vão ali para fazer suas preces ou depositar flores em homenagem à orixá. O evento tem grande repercussão na mídia estadual e participam dele terreiros de diversas cidades paraibanas. O ponto mais esperado da festa é a chegada de uma procissão vinda do *Terreiro Palácio de Xangô Alafin*, do babalorixá Gilberto Cândido, mais conhecido

---

8 Diz-se *despacho* toda e qualquer oferenda às divindades das religiões afro-brasileiras. São dos mais diversos e depositados em qualquer lugar que tenha os elementos representativos dessas divindades. No caso de Iemanjá, suas oferendas ou despachos são depositados na praia; no de Xangô, nas pedreiras, por ele ser patrono e estar representado nesses locais.

9 Pesquisa realizada no Arquivo Público da Fundação Espaço Cultural da Paraíba, João Pessoa, PB.

como Gilberto da Pedra.[10] A caminhada sai do bairro de Cruz das Armas até a praia de Tambaú, percorrendo 10,8 km, em duas horas e doze minutos de caminhada, com centenas de fiéis devidamente vestidos de branco ou com vestes típicas da religião, alguns ainda em caminhonetes, paramentados com as roupas de cada orixá, culminando com a apresentação destes no palco do pavilhão montado na praia para receber os fiéis.

Na cerimônia, existe um grupo de antigas ialorixás que ficam no palanque. São as Guardiãs de Iemanjá, título concedido pela Federação às precursoras da religião no estado. Dentre as guardiãs mais conhecidas estão Mãe Rita Preta (Santa Rita); Mãe Laura de Oyá (*in memoriam* — Santa Rita) e Mãe Joana de Oyá (*in memoriam* — Bayeux). Dentre as corimas[11] de Iemanjá, existe uma que diz: "Odô miô, Iemanjá, Odô miô, Iemanjá, dai proteção ao nosso governador", que foi composta em homenagem a João Agripino.

Na Paraíba, contudo, a presença da federação deu-se de forma muito particular. Era o estado que a regulamentava, e não a sociedade civil, como nos demais estados. O culto religioso e as ações da federação eram definidos por parlamentares que pouco ou nada conheciam sobre o assunto. A primeira federação nasceu, portanto, sob um signo déspota e monopolizador. A relação de subordinação acompanhou as religiões afro-brasileiras em diferentes aspectos.

O governador João Agripino doou um terreno em Tambaú, próximo ao Grupamento de Engenharia, para ser a sede da federação. Lá passou a funcionar tanto a sede quanto o terreiro de Carlos Leal Rodrigues. Para abrir um terreiro, além de toda a documentação, do pagamento da taxa à polícia e da mensalidades à federação, a mãe ou pai de santo precisava passar por uma série de testes junto à diretoria da federação, que incluíam uma espécie de sabatina e a incorporação de entidades que seriam

10 Gilberto da Pedra tem esse apelido pelo fato de seu terreiro e sua residência se localizarem na Avenida Dr. João Soares da Costa, popular Rua da Pedra, em Cruz das Armas. Segundo moradores antigos, a rua tem esse nome porque, em uma passagem de Frei Damião por essa rua, ele foi apedrejado. O religioso, revoltado com a falta de respeito, praguejou contra aquela rua, dizendo que, por aquele acontecido, não sobraria ali "pedra sobre pedra". Curiosamente, até hoje a rua é uma das mais depredadas do bairro e nenhum comércio prospera ali.

11 Corima, corimba ou curimba é o conjunto de cânticos sagrados da Umbanda, o equivalente aos orikis e adurás do Candomblé, sendo que estes últimos são louvações aos orixás na língua iorubá e as corimas são louvações em português utilizadas nos terreiros de Umbanda.

testadas pelo corpo diretor. Alguns testes, segundo relataram antigas e antigos sacerdotes, chegavam a ser sádicos, envolvendo ingerir pimenta, pisar em brasas, ser queimados por charuto etc. Só então se poderia abrir uma casa de culto.

A presença das corporações federativas afro-brasileiras estendeu-se também para outras microrregiões da Paraíba, como Campina Grande, na Borborema, e Patos, no Sertão. Luiz Assunção, ao estudar a tradição da Jurema cruzada com a Umbanda no sertão nordestino, faz uma incursão entre as cidades de Patos (PB), Juazeiro do Norte (CE) e Picos (PI). O autor acrescentou a cidade de Patos à pesquisa a partir de uma visita a um local de romaria: o Parque Cruz da Menina[12] — entre os ex-votos depositados como promessas à menina Francisca, imagens de Iemanjá em cores e tamanhos variados.

Federações de Umbanda do Sertão Nordestino				
Município	Denominação	Ano de criação	Presidente	Nº de sócios
Patos, PB	Federação Espírita de Umbanda	1997	Pai Balbino/ José Carlos	173
Juazeiro do Norte, CE	Associação Caririense de Umbanda (ACEU)	1986	Zé Pretinho	170
Juazeiro do Norte, CE	Sociedade de Umbanda Santa Bárbara (SUSB)	1991	Euclides Eugênio	230
Picos, PI	Associação União Umbandista de Picos	1989	Francisca Moraes da Silva	230

Fonte: ASSUNÇÃO (2006, p. 150).

12 "O Parque Cruz da Menina Foi construído pelo Estado em 1993, com o apoio da Prefeitura de Patos-PB e sua Diocese, o Santuário da Cruz da Menina se presta a lembrar a pequena Francisca, morta no ano de 1923, adorada e venerada nos dias de hoje como uma Santa do Povo." Disponível em: http://patos.pb.gov.br/noticias/cruz-da-menina-a3333.html. Acesso em: 29 fev. 2020.

As descobertas de Assunção (2006) sobre as federações de Umbanda são, além de inéditas, resultado de pesquisa calcada no trabalho de Mário de Andrade (1938) sobre o interior nordestino. O escritor paulista objetivava coletar, no cancioneiro popular, músicas do folclore nordestino sobre a orientação do Departamento de Cultura da Prefeitura Municipal de São Paulo.

O excesso de autoridade do presidente da federação fez com que algumas mães e pais de santo se indignassem, iniciando-se o processo de dissidências. Em 1972, seis anos após a fundação da Federação dos Cultos Africanos do Estado da Paraíba, numa reunião ordinária, Pai Meira levantou-se e gritou: "Quem não estiver satisfeito com a situação desta federação, levante-se para fundar uma nova federação". De acordo o depoimento de Mãe Renilda, levantaram-se Pai Meira (*in memoriam*), Pai Valdevino (*in memoriam*), Mãe Elvira (*in memoriam*), Pai Edinaldo, Mãe Marinalva e Mãe Renilda. Eles caminharam até a casa de Pai Ednaldo, na rua Desembargador Novaes, em Cruz das Armas. Em uma noite chuvosa, com muita lama nas ruas, nascia a Cruzada Federativa de Umbanda e Cultos Afro-Brasileiros, no dia 1º de janeiro de 1972. Pai Meira ficou como presidente interino, e logo tomou posse o primeiro presidente, Osvaldo Belarmino. Mãe Renilda foi sócio-fundadora da Cruzada e participou da diretoria executiva da primeira gestão, permanecendo no cargo até 1997. A Cruzada, com 38 anos de existência, teve apenas três presidentes: Osvaldo Belarmino, José Lucas do Nascimento e, atualmente, Wolf de Oliveira Ramos, que está à frente dos trabalhos desde 2002. Segundo Wolf Ramos[13]:

> Nosso objetivo é unir [...] eu queria muito que nós tivéssemos um representante de qualquer federação na Câmara, na Assembleia. A Cruzada tem um terreno próprio no Rangel e uma pequena parte construída, só não temos recursos. Meu sonho é levantar aquilo ali [...]. A primeira licença o pai de santo assina pela pessoa (filho de santo), com isto evita que pessoas que não tem obrigação feita abra terreiro. Todos os anos eu renovo a licen-

13 Entrevista concedida ao autor no dia 7 de agosto de 2010 em sua residência, sede provisória da Cruzada no Conjunto Valentina I, João Pessoa, PB.

ça, não fica definitivo [...] o ritmo do terreiro é você quem diz. Esse não é o papel da federação [...]. Quanto a trabalhos sociais, ao longo do tempo, ficamos parados. Os outros presidentes não desenvolveram projetos. Mas, junto a Pai Erivaldo, vamos desenvolver projetos. Precisamos criar uma única federação, unificada, com representação de todas as federações. Eu abriria mão da presidência em prol de uma união. Ninguém pode se dar título de nada. Dividindo ninguém cresce.

A Cruzada Federativa de Umbanda e Cultos Afro-Brasileiros conta, atualmente, com cerca de 70 terreiros filiados, localizados na Grande João Pessoa: Bayeux, Cabedelo, João Pessoa e Santa Rita, além de um terreiro na cidade de Souza. Segundo Wolf Ramos,[14] algumas mães de santo, mesmo quando do fechamento do terreiro, permaneceram ligadas à Cruzada. Ainda segundo ele, a chegada de Mãe Neném, da cidade de Souza, à Cruzada foi motivada por dissidência da Federação dos Cultos Africanos. Mãe Neném representava a Federação no sertão paraibano, mas sentiu-se desassistida por ela, alegando que a função das federações não era cobrar mensalidades dos terreiros, e sim acompanhá-los.

Uma vez quebrado o monopólio representativo das religiões afro-paraibanas, abriu-se espaço para o surgimento de outras formas de organização. Em 1966, nasceu a Federação dos Cultos Africanos da Paraíba; em 1972, a Cruzada Federativa de Umbanda e Cultos Afro-Brasileiros; e, em 1997, a Federação Independente dos Cultos Afro-Brasileiros (FICAB), como resultado de um processo de dissidências particulares e coletivas de membros das duas primeiras federações.

Mãe Renilda nos contou que, entre 1991 e 1992, foi criado o Conselho Uno, instância representativa das duas federações, em cujo conselho os presidentes Valter Pereira (Cultos Africanos) e Osvaldo Belarmino (Cruzada) tinham representatividade, sendo Valter o presidente. Ela referiu-se a esse movimento como "a volta da ditadura religiosa, do coronelismo": para exercer a função de sacerdote, era necessário portar uma carteira de

---

14 Wolf Ramos nunca se iniciou na Umbanda, mesmo sendo casado com Mãe Mônica de Oxum, adepta da religião. Filho biológico de pais umbandistas da cidade de Recife, ele se considera umbandista por identificação.

identificação sacerdotal e pagar valores extremamente abusivos, face a conjuntura econômica da época e o nível social dos adeptos religiosos. Mesmo ferindo os princípios constitucionais da liberdade de culto, os advogados das federações se omitiam diante dessa situação de abuso.

As sacerdotisas e os sacerdotes antigos que não tinham mais seus pais de santo, por falecimento, precisavam buscar novos pais, então tudo ficava muito caro. Houve casos em que essas sacerdotisas e esses sacerdotes foram presos em pleno culto religioso por não possuírem carteira, devido à falta de condições financeiras para adquiri-las. Era o presidente do Conselho Uno quem trazia a polícia aos terreiros para prender as mães de santo e os pais de santo. As atrocidades cometidas fizeram com que alguns religiosos reagissem. Segundo Mãe Renilda:[15]

> Joana Maria Ferraz, mãe de santo de Santa Rita [PB], me procurou para pedir ajuda, pois outra federação queria fechar o terreiro dela. Ela queria que eu fundasse uma federação, mas eu não queria. Na ausência de um fórum de debates, a primeira reunião aconteceu na Rua Tenente Francisco Pedro, no Bairro Popular, em Santa Rita, PB. Foi formada naquela hora uma assembleia com Dr. João Rozendo, Pai Carlos, Mãe Renilda, Raminho, Sr. Maravilha, Sgto. Antonio e os filhos de santo de Mãe Joana Maria. Veio o nome de FICAB, porque os terreiros daquela época ainda não eram libertos. Registramos o estatuto da FICAB em 30 de abril de 1997. Mãe Joana Maria é sócio-fundadora, mas o primeiro terreiro a associar-se foi o de Mãe Neta, de Várzea Nova, em Santa Rita. Um terreiro de Jurema. José Lucas, presidente da Cruzada, apoiou nosso lançamento porque eles nem acreditavam na gente. O presidente da Federação (dos Cultos Africanos), Valter Pereira, discursou nos apoiando na posse, e o da Cruzada nos empossou. A posse foi no *Terreiro Tata do Axé*.

Mãe Renilda nos informou de que o crescimento da FICAB se deveu aos boatos criados por membros de outras federações: o machismo dos homens em admitir uma mulher na presidência provocava curiosidade em mães de san-

---

15 Entrevista concedida ao autor em 13 de julho de 2010, em sua residência no Conjunto Bancários, João Pessoa, PB.

to e pais de santo, que iam conhecê-la e se filiavam. Segundo Mãe Renilda, uma federação tentou fechar a FICAB por meio de intervenção judicial, por julgar que a instituição estava tomando o espaço das outras federações, mas a FICAB saiu judicialmente vitoriosa.

Atualmente, a FICAB conta com 190 terreiros filiados de diversas regiões do estado, como João Pessoa, Santa Rita, Cabedelo, Bayeux, Conde, Sapé, Mari, Guarabira, Mulungu, Solânea, Bananeiras, Araçagi, Campina grande, Patos, Souza e Cajazeiras, sendo a maioria dos terreiros coordenada por pais de santo. A FICAB desenvolve projetos sociais em João Pessoa e em outras cidades do estado. Entre os projetos mais importantes, o atual presidente, Pai Carlos Roberto de Albuquerque Alves,[16] nos informou de que a federação realiza há 10 anos o Encontro das Religiões dos Orixás (ERO), em parceria com a sociedade civil e a Prefeitura Municipal de João Pessoa (início na gestão do prefeito Ricardo Coutinho, PSB, 2005-2010). Há dois anos, realiza também o Seminário Ofá Dana-Dana; o Projeto Brasil Alfabetizado, em parceria com a ONG Encumbe (Santa Rita), para a comunidade de terreiro de Mãe Mocinha e Mãe Izabel, em Marcus Moura, e Mãe Isaura, em Várzea Nova, Santa Rita; e a distribuição de cestas básicas para o povo de terreiro, via CONAB, Projeto Fome Zero do Governo Federal (início na gestão do presidente Lula, PT, 2003-2010), entre outros.

O processo de criação das federações na Paraíba continuou ao longo dos anos. Temos conhecimento de uma federação na cidade de Campina Grande e de federações com menor quantidade de terreiros filiados em João Pessoa, como a Central Umbandista dos Templos Afro-Brasileiros (1977), presidida por Severino Felisbelo da Silva. Recentemente, foi criada a Federação Cultural Paraibana de Umbanda, Candomblé e Jurema (FCP UMCANJU), em João Pessoa, que surgiu de uma dissidência com a Federação dos Cultos Africanos da Paraíba, no fim de 2008. Segundo o atual presidente da FCP, Pai Beto de Xangô:[17]

---

16 Pai Carlos Roberto é do *Ilê Tata do Axé*, em Mangabeira 11. Trabalha como professor de Língua Portuguesa no ensino público e como cantor. Pai Carlos é filho biológico de Mãe Renilda.

17 Entrevista concedida ao autor em 26 de novembro de 2009, no *Ilê Axé Xangô Agodô*, Mangabeira 11, João Pessoa, PB.

Eu fazia parte da Federação dos Cultos Africanos da Paraíba, era membro do Conselho Fiscal. Com o passar do tempo, fui percebendo irregularidades e abuso de autoridade por parte do presidente, Valter Pereira, e decidi exercer a função que me cabia no conselho e ele não aceitava. Não era possível ficar numa federação sem espaço para poder fazer um trabalho, aí me revoltei e denunciei o presidente ao Ministério Público. O espaço físico da federação estava servindo como algo particular do presidente que nem é umbandista, e macula nossa religião nos meios de comunicação. Foi por isso que nasceu a FCP UMCANJU, que logo atraiu muitos terreiros que seus pais e mães de santo encontravam-se revoltados, explorados financeiramente. Nossa federação surgiu no meu terreiro, o *Ilê Axé Xangô Agodô*, após, realizamos o I Encontro de Juremeiros da Paraíba. A nossa fundação data-se de 19 de janeiro de 2009. É uma entidade sem fins lucrativos, voltada para a luta pelo respeito às religiões de origem africanas, afro-brasileiras e afro-indígenas, as quais consideramos ser a essência mais elementar da cultura brasileira. Sou contra o monopólio de presidentes das federações e ao nepotismo familiar nas mesmas.

Atualmente, a FCP UMCANJU é coordenada por Pai Beto de Xangô, intitulado por essa federação como Guardião da Jurema Sagrada. Entre as principais atividades realizadas pela federação, estão o I e o II Encontro de Juremeiros da Paraíba (29/03/2009 e 21/03/2010), em parceria com a UFPB; o projeto de danças afro e capoeira com crianças de terreiros; os cursos de pintura e *biscuit* de orixás. Fez parte da luta pelo tombamento do Sítio Acais, em Alhandra, local sagrado para os juremeiros, por ser o berço da Jurema Sagrada e por ali estar sepultada parte de seus precursores, que hoje são entidades espirituais chamadas de mestres. Foram tombados pelo Instituto do Patrimônio Histórico e Artístico do Estado da Paraíba (IPHAEP) o Sítio Acais, o Memorial de Zezinho do Acais, a Capela de São João Batista e o túmulo do Mestre Flósculo. O tombamento foi resultado de uma luta da Sociedade Iorubana e da FCP UMCANJU e aconteceu no dia 30 de março de 2009, na sede do IPHAEP, em João Pessoa, por sete votos a zero. Conforme certidão do IPHAEP, de 13 de novembro de 2009, assinada pela Secretária da CONPEC, Ana

Paula Batista de Almeida e por Damião Ramos Cavalcanti, Diretor do
IPHAEP/Presidente da CONPEC:

> Certifico, a pedido do proponente, Sociedade Yorubana Teológica de
> Cultura Afro-Brasileira que, analisando o Processo Administrativo nº
> 0202/2008, [...] DELIBEROU, por unanimidade, aprovar o tombamento
> do Sítio Acais, localizado no Município de Alhandra, PB [...] que atinge
> o ponto inicial e fecha o polígono de tombamento, em cuja poligonal se
> inserem a capela de São João Batista, o túmulo de Mestre Flósculo Gui-
> marães, as fundações da casa da Mestra Maria do Acais [...] Foi solicitado
> também o acolhimento do tombamento do Memorial do Mestre Zezi-
> nho do Acais [...] solicitou-se à Presidência do Conselho Deliberativo do
> IPHAEP, como forma de reconhecimento à legitimação de participação
> no processo, a citação da Federação Cultural Paraibana de Umbanda,
> Candomblé e Jurema — FCP UMCANJU, enquanto também interessada na
> efetivação deste tombamento [...]

O evento recebeu cobertura da imprensa estadual e culminou com a Pas-
seata da Paz, em 20 de junho de 2009, em Alhandra, PB, com a participação da UFPB, UEPB, UFRN, UFPE, CENERAB, Sociedade Iorubana, Associação
Paraibana Amigos da Natureza, ONG Malunguinhos (PE), IPHAN e IPHAEP,
buscando a visibilidade dos juremeiros do Nordeste e a preservação dos
pés de jurema plantados por Mestra Jardecilia,[18] além do reconhecimento de Alhandra como berço mundial da Jurema Sagrada.

No dia 20 de junho de 2009, a FCP concedeu o título de mestra a Mãe
Rita Preta, de Santa Rita, pelos seus mais de 60 anos de sacerdócio dedicados à Jurema, homenagem que a federação presta aos mais antigos juremeiros do estado. Na ocasião, festa de preto-velho, o atual presidente,
Pai Beto de Xangô, prestou homenagem a Mãe Rita Preta e entregou-lhe
um certificado, conferindo-lhe o título. Em 9 de janeiro de 2010, Mãe

---

18 Mestra Jardecília, mais conhecida como Mestra Zefa de Tiíno. No centro de Alhandra,
existe uma cidade encantada, que é de Mestra Jardecilia, e uma cidade nova, que surgiu já
no contexto da Umbanda, em meados da década de 1970. Dona Zefa ficou conhecida em
Alhandra, onde vivia, pelas sessões que realizava ao ar livre, denominadas por ela de toré.

Lourdes de Iansã também foi condecorada pela FCP com o título de mestra em seu terreiro de Umbanda, na cidade de Sapé.

As iniciativas de homenagens e criações de títulos pela FCP podem ser analisadas pelo menos de dois ângulos: o de prestar reconhecimento a quem se dedicou durante toda a vida ao ofício do sacerdócio; e o fato de que os critérios utilizados para essas escolhas não são socializados, nem discutidos com as sacerdotisas e sacerdotes mais antigos, o que, de certa forma, divide a opinião pública de religiosas e religiosos afro-brasileiros e ameríndios.

O estudo das federações afro-brasileiras, embora embrionário, tem despertado o interesse de pesquisadores de áreas diversas. A herança das federações espíritas, traço marcante do simbolismo nas relações de poder que pais e mães de santo exercem nas representações de pequenos reinados, as dissidências dentro das federações, bem como as bandeiras de luta visando políticas públicas para as comunidades tradicionais de terreiro, destacam o perfil desses órgãos tão precisos e polêmicos. Nesse sentido, as federações tanto contribuem para a defesa de seus associados quanto para a opressão dos mesmos na busca de melhorias individuais financeiras e de autopromoção de seus dirigentes.

CONSIDERAÇÕES FINAIS

A história das religiões africanas, afro-brasileiras e afro-ameríndias é objeto de pesquisas internacionais dentro das Ciências Sociais e da Antropologia, nas mais diversas instituições de ensino, há mais de cinco décadas. O olhar dos cientistas de vários ramos das Ciências Humanas trouxe uma atenção promissora e focada nessas religiosidades. No Brasil, desde Nina Rodrigues, em 1900, ao *boom* dos anos 1960-80, passando por Pierre Verger, Lévi-Strauss, Eliade e Bastide, pode-se afirmar que quase todas essas pesquisas já nasceram clássicas.

Estudar culturas marginais é trazer a público informações, no mínimo, inusitadas. Tratar de grupos religiosos de povos escravizados por séculos, imigrantes de um continente cercado por mistérios, cuja ausência de documentos escritos impediu ou dificultou maior controle do colonizador sobre os colonizados, torna este trabalho ainda mais especial. A ausência do proselitismo nas religiões praticadas, o próprio sincretismo entre os santos católicos e a preservação do segredo, fonte primordial do culto ancestral aos orixás, fizeram com que as religiões se mantivessem milenarmente protegidas da intervenção branca e cristã ocidentalizante.

A preservação cultural, advinda do povo negro escravizado, foi tão importante quanto o insistente olhar do pesquisador. Os cronistas europeus deixaram um riquíssimo acervo iconográfico que ajuda a desvendadar as atuais percepções: passado e presente imortalizados em imagens. Passado e presente imortalizados em ritos iniciáticos repetidos — característicos de religiões cujo foco é a oralidade — e a transmissão do conhecimento é o pleno exercício da memória.

Tratando de memória e oralidade, a Nova História, a história das minúcias, foi o recurso metodológico adotado. A história, enquanto ciência, não precisa dar conta de tudo. Tudo tem história, mas ela não se pretende absoluta ou homogênea. Surge, então, a Ciência das Religiões, na qual as religiosidades se contemplam — com alargamento ou afunilamento estrutural —, se intercalam, se complementam, interagem e conversam entre si.

Mesmo sendo evidente a laicidade do Estado brasileiro, podemos convir que se trata de um país com predominância cristã. Ainda há muita intolerância religiosa escondida por detrás do mito da falsa democracia brasileira. Ao diferente resta o medo e o ódio, fatores que relegam grupos religiosos ao constante ostracismo.

Parece um contrassenso afirmar que no século xx, em especial na segunda metade, houve um vertigino aumento no estudo e na produção acadêmica sobre religiões de matriz africana, afro-brasileiras e afro-ameríndias e, em seguida, ressaltar a visível discriminação sofrida pelos adeptos dessas religiões. E é! É para esta problemática que este livro chama atenção: são muitos, e importantíssimos, os clássicos escritos sobre esta temática, mas toda a circulação desse conhecimento se restringe a grupos de pesquisadores militantes de causas sociais.

O ensino básico, no qual são alicerçados os conhecimentos das crianças de todas as classes sociais, fica excluído desse acesso. O ensino religioso — católico ou protestante —, por muito tempo, teve seu caráter facultativo e catequizador. Relegava as religiões afro-brasileiras e as demonizava para as crianças e os adolescentes, que, por sua vez, já traziam forte carga preconceituosa das famílias, da mídia e de outros grupos sociais.

Há, contudo, um movimento que visa transformar esse quadro. Dois acontecimentos podem ser considerados como os maiores responsáveis por essa mudança: a criação do curso de Ciência das Religiões (ou Ciências da Religião) em diferentes regiões do Brasil e sua crescente ascensão, alavancando produções científicas e fazendo emergir trabalhos pioneiros sobre religiões afro-brasileiras e ameríndias; e o surgimento de grupos de estudo, como o Vide Licet, que congrega pessoas de diversas religiões para discutir, dentre outros temas, a intolerância religiosa e uma aproximação com setores departamentais do ensino religioso em secretarias de educação. As ações reivindicatórias do Movimento Negro também contribuíram decisivamente para a formulação de políticas públicas reparatórias para o estudo e o ensino da história e das culturas afro-brasileira e africana.

O Ministério da Educação criou a Secretaria de Educação Continuada, Alfabetização e Diversidade (SECAD) para minimizar as deficiências históricas no ensino brasileiro para com os grupos sociais excluídos. As reivindicações históricas dos ativistas do Movimento Negro em todas as regiões do país proporcionaram a alteração da Lei nº 9.394/1996 (Lei de Diretrizes e Bases da Educação), com a criação da Lei nº 10.639/2003 (Lei de Diretrizes Curriculares Nacionais para Educação das Relações Étnico-Raciais e para o Ensino de História e Cultura Afro-Brasileira e Africana), e, posteriormente, da Lei nº 11.645/2008, que dá a mesma orientação à temática indígena.

O Plano Nacional de Implementação das Diretrizes Curriculares Nacionais para a Educação das Relações Étnico-Raciais e para o Ensino de História e Cultura Afro-Brasileira e Africana, tem como um de seus objetos (Lei nº 10.639, p. 24):

- Desenvolver ações estratégicas no âmbito da política de formação de professores, a fim de proporcionar o conhecimento e a valorização da história dos povos africanos e da cultura afro-brasileira e da diversidade na construção histórica e cultural do país;
- Promover o desenvolvimento de pesquisas e produção de materiais didáticos e paradidáticos que valorizem, nacional e regionalmente, a cultura afro-brasileira e a diversidade.

A partir da reconstrução histórica das religiões afro-brasileiras e afro-ameríndias paraibanas entre as décadas de 1940 e 2010, este livro pretende contribuir com o ensino da história da Paraíba e do Brasil, principalmente sobre uma religiosidade que vem do continente africano e se dissemina em solo brasileiro, recriando o culto ancestral dos orixás, voduns e inquices, o Candomblé; sobre a fusão entre índios nordestinos e negros africanos que origina a Jurema em solo paraibano; e, por fim, a criação de uma religião tipicamente brasileira no século XX, a Umbanda.

REFERÊNCIAS BIBLIOGRÁFICAS

ALMEIDA, Ronaldo de. Religião na metrópole paulista. *Rev. bras. Ci. Soc.*, São Paulo, v. 19, n. 56, p. 15-27, out. 2004. Disponível em: http://www.scielo.br/scielo.php?script=sci_arttext&pid=S0102-69092004000300002&lng=en&nrm=iso. Acesso em: 02 mar. 2020.

APPIAH, Kwame Anthony. *Na casa de meu pai*: a África na filosofia da cultura. Rio de Janeiro: Contraponto, 1997.

ASSUNÇÃO, Luiz. *O reino dos mestres*: a tradição da Jurema na Umbanda nordestina. Rio de Janeiro: Pallas, 2006.

BARCELLOS, Mario Cesar. *Os orixás e o segredo da vida*: lógica, mitologia e ecologia. Rio de Janeiro: Pallas, 2002.

BASTIDE, Roger. *As religiões africanas no Brasil*: contribuição a uma sociologia das interpenetrações de civilizações. 3. ed. São Paulo: Livraria Pioneira, 1989.

_____. Catimbó. In: PRANDI, Reginaldo (org.). *Encantaria brasileira*: o livro dos mestres, caboclos e encantados. Rio de Janeiro: Pallas, 2004. p. 146-159.

BERND, Zilá. O elogio da crioulidade: o conceito de hibridação a partir de autores francófonos do Caribe. In: ABDALA JUNIOR, Benjamim (org.). *Margens da Cultura*: mestiçagem, hibridismo e outras misturas. São Paulo: Boitempo, 2004.

BOSI, Éclea. *Memória e Sociedade*: lembranças de velhos. São Paulo: Companhia das Letras, 1994.

BRASIL. *Lei nº 9.394, de 20 de dezembro de 1996*. Estabelece as diretrizes e bases da educação nacional. Brasília, 20 dez. 1996. Disponível em: http://www.planalto.gov.br/ccivil_03/leis/l9394.htm. Acesso em: 29 fev. 2020.

BRASIL. *Lei nº 10.639, de 9 de janeiro de 2003*. Altera a Lei nº 9.394, de 20 de dezembro de 1996, que estabelece as diretrizes e bases da educação nacional, para incluir no currículo oficial da Rede de Ensino a obrigatoriedade da temática "História e Cultura Afro-Brasileira", e dá outras providências. Brasília, 9 jan. 2003. Disponível em: http://www.planalto.gov.br/ccivil_03/leis/2003/l10.639.htm. Acesso em: 29 fev. 2020.

BRASIL. *Lei n° 11.645, de 10 de março de 2008.* Altera a Lei n° 9.394, de 20 de dezembro de 1996, modificada pela Lei n° 10.639, de 9 de janeiro de 2003, que estabelece as diretrizes e bases da educação nacional, para incluir no currículo oficial da rede de ensino a obrigatoriedade da temática "História e Cultura Afro-Brasileira e Indígena". Brasília, 10 mar. 2008. Disponível em: http://www.planalto.gov.br/ccivil_03/_Ato2007-2010/2008/Lei/L11645.htm. Acesso em: 29 fev. 2020.

BROWN, Diana. O papel histórico da classe média na Umbanda. *Religião e Sociedade*, São Paulo, v. 1, n. 1, p. 31-42, 1977.

_____. Uma história da Umbanda no Rio. *Umbanda & política*: cadernos do Iser, Rio de Janeiro, Iser e Marco Zero, n. 18, 1987.

BURKE, Peter. *Hibridismo cultural.* São Leopoldo: Unisinos, 2003.

CAMARGO, Cândido Procópio Ferreira de. *Kardecismo e Umbanda.* São Paulo: Pioneira, 1961.

CAPONE, Stefania. *A busca da África no Candomblé*: tradição e poder no Brasil. Rio de Janeiro: Pallas/Contra Capa, 2004.

CAPUTO, Stela Guedes; PASSOS, Mailsa. Cultura e conhecimento em terreiros de Candomblé: lendo e conversando com Mãe Beata de Yemanjá. *Currículo sem Fronteiras*, Rio de Janeiro, v. 7, ed. 2, p. 93-111, jul./dez. 2007. Disponível em: http://www.curriculosemfronteiras.org/vol7iss2articles/caputo-passos.pdf. Acesso em: 29 fev. 2020.

CARNEIRO, Edison. Cultos africanos no Brasil. *Planeta*, São Paulo, n. 1, p. 50-59, set. 1972.

_____. *Candomblés da Bahia.* 5. ed. Rio de Janeiro: Civilização Brasileira, 1977.

CARVALHO, José Jorge de. *Cantos sagrados do Xangô do Recife.* Brasília: Fundação Cultural Palmares, 1993.

CASCUDO, Luís da Câmara. *Meleagro*: depoimento e pesquisa sobre a magia branca no Brasil. Rio de Janeiro: Agir, 1951.

CUNHA JUNIOR, Henrique. Metodologia afrodescendente em pesquisa. *Ethnos Brasil*, v., ano 6, p. 69-80, 2008.

DOPAMU, P. Adelumo. *Exu*: o inimigo invisível do homem: um estudo comparativo entre o exu da religião tradicional iorubá (nagô) e o demônio das tradições cristãs e muçulmanas. São Paulo: Oduduwa, 1990.

ELIADE, Mircea. *Tratado de história das religiões.* São Paulo: Martins Fontes, 1993.

_____. *Mito e realidade.* São Paulo: Perspectiva, 1998.

ENCUMBE, ONG. *Acervo.* Santa Rita: Encumbe.

FARIAS, Juliana Barreto et al. *Cidades negras*: africanos, crioulos e espaços urbanos no Brasil escravista do século XIX. 2. ed. São Paulo: Alameda, 2006.

FERREIRA, Aurélio Buarque de Holanda. *Mini Aurélio século XXI*: o minidicionário da língua portuguesa. 5. ed. rev. ampl. Rio de Janeiro: Nova Fronteira, 2001.

FERREIRA, Marieta Moraes. Desafios e dilemas da história oral nos anos 90: o caso do Brasil. *História Oral*, São Paulo, v.1, n. 1, p. 19-30, jun. 1998

FERRETTI, Mundicarmo. Tradition et changement dans les religions afro-brésiliennes dans le Maranhão. *Arch. de Sc. soc. des Rel.*, n. 117, p. 101-112, jan./mar. 2002.

_____. Terecô: a linha de Codó. In: PRANDI, Reginaldo (org.). *Encantaria brasileira*: o livro dos mestres, caboclos e encantados. Rio de Janeiro: Pallas, 2004. p. 59-73.

FREYRE, Gilberto. *Casa grande & senzala*: formação da família brasileira sob o regime da economia patriarcal. 49. ed. São Paulo: Global, 2004.

FUNDAÇÃO CASA DE JOSÉ AMÉRICO. *Arquivo dos governadores da Paraíba*: Pedro Gondim e João Agripino. João Pessoa: Fundação Casa de José Américo.

GALRÃO, Iray. *Lendas africanas*. Salvador: Kalango, 2009.

GEERTZ, Clifford. *A interpretação das culturas*. Rio de Janeiro: Zahar, 1978.

GIUMBELLI, Emerson; CARNEIRO, Sandra de Sá. Ensino religioso no estado do Rio de Janeiro: registros e controvérsias. *Comunicações do Iser*, Rio de Janeiro, Iser, n. 60, 2012.

GOMES, Ângela de Castro; MATTOS, Hebe Maria. Sobre apropriações e circularidades: memória do cativeiro e política cultural na Era Vargas. *História Oral*, São Paulo, v.1, n. 1, p. 121-144, jun. 1998

GOVERNADOR vai ser homenageado hoje pelos terreiros de Umbanda. *A União*, Paraíba, [p. ?], 6 nov. 1966.

HAMPATE BÂ, A. A tradição viva. In: KI-ZERBO, Joseph (ed.). *História Geral da África, I*: metodologia e pré-história da África. 2. ed. rev. Brasília: Unesco, 2010. p. 167-212.

LAIN, Vanderlei (org.). *Mosaico religioso*: faces do sagrado. Recife: Fundação Antonio dos Santos Abranches, 2009.

LAPLANTINE, François. *A descrição etnográfica*. São Paulo: Terceira Margem, 2004.

LE GOFF, Jacques. *História e memória*. 5. ed. Campinas: Unicamp, 2003.

LOPES, Sirleide Dantas. *Presença escrava na freguesia de Santa Rita*. João Pessoa: Sal da Terra, 2009.

LÜDKE, Menga; ANDRÉ, Marli E.D.A. *Pesquisa em educação*: abordagens qualitativas. São Paulo: EPU, 1986.

LUZ, Marco Aurélio. *Agadá*: dinâmica da civilização africano-brasileira. Salvador: Secneb; UFBA, 1995.

MACEDO, Edir. *Orixás, caboclos e guias*: deuses ou demônios? Rio de Janeiro: Unipro, 2008.

MARTINS, Adilson (Babalaô Ifaleke); MARTINS, Lucia Petrocelli (Apetebi Ogbeyonu). *Adimú — oferendas aos orixás*: uma coletânea de comidas de santo. Rio de Janeiro: Centro de Estudos da Cultura Afro-Americana (CECAA), 1995. *E-book.*

MATTA E SILVA, W.W. da. *Umbanda e o poder da mediunidade*: as leis da magia. Rio de Janeiro: Freitas Bastos, 1964.

_____. *Umbanda de todos nós*. São Paulo: Ícone, 1997.

MAUES, R.H.; VILLACORTA, G.M. Pajelança e encantaria amazônica. In: PRANDI, Reginaldo (org.). *Encantaria brasileira*: o livro dos mestres, caboclos e encantados. Rio de Janeiro: Pallas, 2004. p. 11-58.

NEGRÃO, Lísias Nogueira. Umbanda: entre a cruz e a encruzilhada. *Tempo Social*: Rev. Sociol. USP, São Paulo, v. 5, n. 1-2, p. 113-122, nov. 1994. Disponível em: http://www. scielo.br/pdf/ts/v5n1-2/0103-2070-ts-05-02-0113.pdf. Acesso em: 29 fev. 2020.

_____. *Entre a cruz e a encruzilhada*: formação do campo umbandista em São Paulo. São Paulo: EDUSP, 1996.

NINA RODRIGUES, Raymundo. *L'animisme fétichiste des nègres de Bahia*. Salvador: Reis, 1900.

OLIVEIRA, Eduardo David de. *Cosmovisão africana no Brasil*: elementos para uma filosofia afrodescendente. Fortaleza: IBECA, 2003.

OLIVEIRA, José Henrique Motta de. *Das macumbas à Umbanda*: a construção de uma religião brasileira (1908-1941). Orientador: Washington Dener. 2003. 57 p. Monografia (Licenciatura Plena em História). Centro Universitário Moacyr Sreder Bastos, Rio de Janeiro, 2003. Disponível em: https://www.passeidireto.com/arquivo/40747849/monografia-das-macumbas-a-umbanda. Acesso em: 29 fev. 2020.

OMULU, Caio de. *Umbanda Omolocô*: liturgia, rito e convergência na visão de um adepto. São Paulo: Ícone, 2002.

ORTIZ, Renato. *A morte branca do feiticeiro negro*: Umbanda, integração de uma religião numa sociedade de classes. Petrópolis: Vozes, 1978.

PARÉS, Luis Nicolau. *A formação do Candomblé*: história e ritual da nação jeje na Bahia. Campinas: Unicamp, 2006.

PRANDI, Reginaldo. *Os candomblés de São Paulo*: a velha magia na metrópole nova. São Paulo: Hucitec, 1991.

_____. Deuses africanos no Brasil contemporâneo: introdução sociológica ao candomblé de hoje. *Horizontes Antropológicos*, Porto Alegre, n. 3, p. 10-30, 1995. Disponível em: http://www.revistas.usp.br/revusp/article/view/28365/30223. Acesso em: 01 mar. 2020.

_____. As religiões negras do Brasil: para uma sociologia dos cultos afro-brasileiros. *Revista USP*, São Paulo, v. dez./fe 1995/96, n. 28, p. 64-83, 1996. Disponível em: http:// www.revistas.usp.br/revusp/article/view/28365/30223. Acesso em: 01 mar. 2020.

_____. Referências sociais das religiões afro-brasileiras: sincretismo, branqueamento, africanização. In: BACELAR, Jeferson; CAROSO, Carlos (org.). *Faces da Tradição afro-brasileira*: religiosidade, sincretismo, anti-sincretismo, reafricanização, práticas terapêuticas, etnobotânica e comida. Rio de Janeiro/Salvador: Pallas Editora, 1999, p. 93-112.

_____. *Mitologia dos orixás*. 6 ed. São Paulo: Companhia das letras, 2001.

_____. As religiões afro-brasileiras e seus seguidores. *Civitas*, Porto Alegre, v. 3, n. 1, p. 15-33, jun. 2003.

_____. O Brasil com axé: Candomblé e Umbanda no mercado religioso. *Estudos Avançados*, São Paulo, v. 18, n. 52, p. 223-238, dez. 2004. Disponível em: http://www.scielo.

br/scielo.php?script=sci_arttext&pid=S0103=40142004000300015-&lng=pt&nrm-iso. Acesso em: 01 mar. 2020.

_____. As religiões afro-brasileiras nas ciências sociais: uma conferência, uma biblio-grafia. *Revista Brasileira de Informação Bibliográfica em Ciências Sociais*, BIB-ANPOCS, São Paulo, n. 63, p. 7-30, 1º semestre de 2007. Disponível em: http://www.anpocs. com/index.php/edicoes-anteriores/bib-63/593-as-religioes-afro-brasileiras-nas-ciencias-sociais-uma-conferencia-uma-bibliografia/file. Acesso em: 01 mar. 2020.

RAMOS, Arthur. *O negro brasileiro*: etnografia religiosa e psicanálise. São Paulo: Nacional, 1940.

REIS, João José. Magia jeje na Bahia: a invasão do calundu do Pasto de Cachoeira, 1785. *Revista Brasileira de História*. São Paulo, v. 8, n. 16, p. 67-72, mar. 1988.

RIBEIRO, René. *Cultos afro-brasileiros do Recife*: um estudo de ajustamento social. 2. ed. Recife: Instituto Joaquim Nabuco de Pesquisas Sociais, 1978.

RIBEIRO, Ronilda Iyakemi. *Alma africana no Brasil*: os iorubás. São Paulo: Oduduwa, 1996.

SAIDENBERG, Thereza. Como surgiu a Umbanda em nosso país. *Planeta*, n. 75, p. 34-38, dez. 1978.

SALLES, Sandro Guimarães. À sombra da Jurema: a tradição dos mestres juremeiros na Umbanda de Alhandra. *Anthropológicas*, ano 8, v. 15, n. 1, p. 99-122, 2004. Disponível em: https://periodicos.ufpe.br/revistas/revistaanthropologicas/article/view/23612/19267. Acesso em: 01 mar. 2020.

SANTANA, Martha Maria Falcão de Carvalho e Moraes. Santa Rita, açúcar e poder. In: _____. *Nordeste, açúcar e poder*: um estudo da oligarquia açucareira na Paraíba: 1920-1962. João Pessoa: UFPB; CNPq, 1990. cap. 3, p. 151-?.

SANTIAGO, Idalina Maria Freitas Lima. A trajetória religiosa da Umbanda cruzada com Jurema". In: WHITAKER, Dulce Consuelo Andreatta; VELÔSO, Thelma Maria Grisi (org.). *Oralidade e subjetividade*: os meandros infinitos da memória. Campina Grande: Eduep, 2005. p. 113-144.

_____. A Jurema sagrada da Paraíba. *Qualit@s* (UEPB). v.7, n.1, p. 01-14, 2008. Disponível em: http://revista.uepb.edu.br/index.php/qualitas/article/view%20File/122/98. Acesso em: 01 mar. 2020.

SERRA, Ordep. No caminho de Aruanda: A Umbanda Candanga revisitada. *Afro-Ásia*, Salvador, n. 25-26, p. 215-256, 2001. Disponível em: https://portalseer.ufba.br/in-dex.php/afroasia/article/view/21013/13613. Acesso em: 1 mar. 2020.

SILVA, Francisco Ferreira da. *Um olhar pedagógico sobre o cuidar do humano no contexto umbandista*. 2009. 119 f. Dissertação (Mestrado em Ciência das Religiões) — Universidade Federal da Paraíba, João Pessoa, 2009. Disponível em <https://reposito-rio.ufpb.br/jspui/handle/tede/4252>. Acesso em: 29 fev. 2020.

SILVA, Siéllysson Francisco da. *O lado negro da fé*: irmandades de Areia e Santa Rita do século XIX. João Pessoa: Sal da Terra, 2010.

SILVA, Vagner Gonçalves da. *Candomblé e Umbanda*: caminhos da devoção brasileira. 3. ed. São Paulo: Selo Negro, 2005.

_____ (org.). *Intolerância religiosa*: impactos do neopentecostalismo no campo religioso afro-brasileiro. São Paulo: EDUSP, 2007.

SILVA JR., Hédio. A intolerância religiosa e os meandros da lei. In: NASCIMENTO, Elisa Larkin (org.). *Guerreiras de natureza*: mulher negra, religiosidade e ambiente. São Paulo: Selo Negro, 2014. v. 3. *E-book*.

SOUSA JUNIOR, Vilson Caetano de. A cozinha, os orixás e os truques: entre a invenção e a recriação onde o tempo não para. *Revista da VIII Jornadas sobre Alternativas Religiosas na América Latina*, São Paulo, 1998. Disponível em: < https://pt.scribd.com/document/207056687/Cozinha-Orixa>. Acesso em: 29 fev. 2020.

SOUZA, Wallace Ferreira de. *A poética do fogo ao encontro das águas*: símbolos e arquétipos nos mitos de Xangô. Orientador: Dr. Antonio Giovanni Boaes Gonçalves. 2008. Dissertação (Mestrado em Ciências das Religiões). Universidade Federal da Paraíba, João Pessoa, 2008.

THEODORO, Helena. Mulher Negra, dignidade e identidade. *Mulheres Negras*, [S. l.], [20--?]. Disponível em: http://www.mulheresnegras.org/theodoro.html. Acesso em: 29 fev. 2020.

_____. Mulher Negra, dignidade e identidade: mulher negra e comunidade-terreiro. *Mulheres Negras*, [S. l.], [20--?]. Disponível em: http://www.mulheresnegras.org/santo1.html. Acesso em: 29 fev. 2020.

THEODORO, Mário (org.). As políticas públicas e a desigualdade racial no Brasil 120 anos após a abolição. Brasília: Ipea, 2008.

THOMPSON, Paul. *A voz do passado*: história oral. Rio de Janeiro: Paz e Terra, 1992.

VALENTE, Waldemar. *Sincretismo religioso afro-brasileiro*. 3. ed. São Paulo: Nacional, 1976.

VANDEZANDE, René. *Catimbó*: pesquisa exploratória sobre uma forma nordestina de religião mediúnica. 1975. Dissertação (Mestrado em Sociologia). Universidade Federal de Pernambuco, Recife, 1975.

VANSINA, J. A tradição oral e sua metodologia. In: KI-ZERBO, Joseph (ed.). *História Geral da África, I*: metodologia e pré-história da África. 2 ed. rev. Brasília: Unesco, 2010. p. 139-166.

VATIN, Xavier Gilles. Musique et possession dans les candomblés de Bahia: pluralisme rituel et comportemental. *Cahiers de Musiques Traditionnelles*, v. 19, p. 191-209, 2006.

VERGER, Pierre Fatumbi. *Lendas africanas dos orixás*. 4. ed. Salvador: Corrupio, 1997.

YOKAANAM, Mestre. *Evangelho de Umbanda Eclética*. 2. ed. Rio de Janeiro: Editora da Academia Eclética Exotérica da Fraternidade Universal, 1954.

APÊNDICE

Descrição litúrgica do culto da Jurema Batida (Jurema Preta)

No dia 26 de outubro de 2008, fui até o *Templo de Umbanda Caboclo José de Andrade*. O culto de Jurema Preta iria começar às 16h. Cheguei por volta das 14h e fiquei observando os espaços, conversando com os adeptos da religião, colhendo informações sobre os objetos e sobre o culto propriamente dito.

Por volta das 15h, as filhas e filhos de santo da casa começaram a chegar. Logo na entrada, todos os que chegavam se dirigiam a duas casinhas,[1] à esquerda da entrada, no jardim. Batiam três palmas para o Exu da casa e o saudavam: "Baraô, Exu!"; em seguida, batiam três palmas para o assentamento de Iansã de Balé e a saudavam: "Eparrei, Iansã!".

Entravam no salão sem falar com ninguém, colocavam o pé esquerdo descalço em cima de uma pedra de mármore localizada na parte central do piso do terreiro[2] e, mais uma vez, batiam três palmas, saudando: "Baraô, Exu!". Dirigiam-se ao peji dos orixás, batiam três palmas e saudavam seu santo de cabeça (ori). As saudações variavam de acordo com o orixá ao qual estavam saudando: "Odoya, Iemanjá!", "Saluba, Nanã!", "Kaô Kabicilê, Xangô!", "Êpa Babá, Oxalá!" etc. Logo se dirigiam ao quarto da Jurema

---

1   Local onde geralmente ficam localizados os assentamentos
sagrados de Exu, Pombagira e Iansã de Balé.

2   Nas casas de Candomblé, esse assentamento colocado no centro do piso do barracão
e coberto com uma pedra de mármore ou granito chama-se de intoto. Nele, são
colocados os fundamentos de um orixá indicado pelo jogo de búzios. Nos terreiros
de Umbanda Traçada, esse assentamento é chamado de mina de Exu, e ali são
depositados os fundamentos do Exu pertencente ao(à) dono(a) da casa.

e a saudavam: "Salve a Jurema Sagrada! Salve os mestres! Salve os cabo-clos! Salve os pretos-velhos! Salve o povo da Bahia! Salve os índios! Salve as caboclas de pena!". Só então cumprimentavam os presentes na sala com boa-tarde ou outra expressão.

As filhas e filhos de santo se dirigiam à cozinha, pediam a bênção à mãe de santo e aos padrinhos de Jurema, saudavam os irmãos com um aperto de mãos — as mãos de ambos estavam na posição vertical, sendo, por ve-zes, balançadas para a frente e para trás.

Passados alguns minutos, o batedor (pessoa responsável por tocar o ins-trumento musical ritualístico) chegou ao terreiro, fez suas saudações, pediu bênção à mãe de santo e aos padrinhos de Jurema, saudou os presentes e o ilu.[3] Observou-o, afinou o ilu com uma chave-de-rosca adequada, se con-centrou e tocou o instrumento para testar a afinação, o que também ser-ve de aviso aos outros filhos de santo de que a gira está prestes a começar.

Logo levantou-se um senhor vestido de branco, pegou outro instru-mento percussivo (triângulo) e também o testou. Em seguida, chegou um homem jovem, pegou outro instrumento (afoxé) e começou a tocar, for-mando assim o conjunto percussivo essencial à gira.

Os três homens se posicionaram lado a lado, sentados em tamboretes de madeira e encostados na parede frontal da Jurema; ficaram conversando enquanto esperavam a ordem para iniciar os trabalhos. As filhas e filhos de santo estavam quase todos vestidos de branco, alguns com tecido de chita; as mulheres com turbante na cabeça e os homens com um gorro branco. Todos usavam suas guias de jurema (colar de sementes previamente ben-zido pela mãe de santo) adornando o pescoço, exceto alguns postulantes na religião. Chegou o pai de santo, sentou-se em uma cadeira de ferro ao lado da percussão, testou o microfone e pediu aos filhos que se posicio-nassem em forma de círculo no salão.

Todas e todos entraram em fila no quarto da Jurema, acenderam uma vela para seu guia protetor, concentraram-se, rezaram um pouco e vol-

---

3   Nos terreiros ou rituais em que se utiliza o ilu, o instrumento serve tanto como mecanismo para chamar as entidades quanto para absorver as energias negativas que circulam o terreiro. Por vezes, o couro do instrumento chega a rasgar, tamanha a força da energia negativa absorvida.

Mãe Rita Preta (à esquerda) e Mãe Expedita Alípio (à direita) incorporadas com índios, década de 1960, no peji da Jurema do *Templo de Umbanda Caboclo José de Andrade*, Santa Rita, PB.
Foto: Acervo ONG Encumbe.

taram para o salão, formando uma grande roda. Ajoelharam-se, colocaram as duas mãos no chão em forma de concha, baixaram a cabeça com os olhos fechados e muita concentração. Nesse momento, o pai de santo abriu a Jurema (iniciou o ritual) cantando, e os filhos responderam às estrofes do cântico, que, com sua letra, abria as sete cidades encantadas e convidava as entidades que ali moravam a se fazerem presentes na cerimônia: caboclas e caboclos de pena, pretas e pretos-velhos, baianas e baianos, mestras e mestres.

E então, todos se levantaram e começaram a dançar em uma grande roda, no sentido anti-horário, seguindo a ordem de invocação das entidades, como na abertura. Para cada conjunto de entidades, chamado de Linha, existem um pé de dança (passo) e um ritmo percussivo diferente: caboclos dançam com as mãos em forma de arco e flecha; índios e caboclos de pena dançam como os caboclinhos (toré); pretas e pretos-velhos dançam com o corpo encurvado; mestres e mestras dançam com o corpo erguido.

Ao passo que as filhas e filhos de santo iam incorporando as entidades (manifestando-se), os outros diziam saudações específicas para cada uma: "Okê, caboclo!", "Salve os índios!", "Salve os pretos!", "Salve a Bahia!", "Salve os(as) mestres(as)!".

No início da gira, a mãe de santo saiu do quarto da Jurema empunhando um turíbulo feito de lata de leite e defumou, com várias ervas medicinais cheirosas e resinas, os filhos de santo, os visitantes e todas as dependências do terreiro. Durante a defumação, todos cantavam uma corima:

> Tô incensando, tô defumando
> a casa do meu Bom Jesus da Lapa
> a casa do meu Bom Jesus da Lapa
> a casa do meu Bom Jesus da Lapa.
> Nossa Senhora defumou seu bento filho
> foi pra cheirar
> eu defumo esta casa
> pro mal sair e a felicidade entrar.

A corima repetiu-se até o término da defumação. No decorrer da gira, alguns dos filhos de santo se irradiavam[4] com as entidades, ficando com o corpo todo arrepiado, estremecendo e tombando de um lado para outro. Outros incorporavam totalmente as entidades e ficavam transformados pelo transe (manifestação), dançando e assumindo trejeitos e vozes, tornando-se realmente outras pessoas, visto que, naquele momento, seu corpo servia de instrumento para as entidades.

Aqueles que incorporavam caboclas e caboclos ficavam dançando meio encurvados, com as mãos em forma de arco e flecha, emitindo gritos, sons e falas inexprimíveis; o mesmo ocorria aos que recebiam índias e índios, que também utilizavam cachimbos ou acessórios, como cocar, flecha etc.; os que incorporavam pretas e pretos-velhos ficavam geralmente encurvados, com as mãos trêmulas, sentados em pequenos tamboretes e recebiam as pessoas

---

4   Chama-se irradiação o momento pré-incorporação, em que o médium sente sintomas que apontam para a aproximação da incorporação, como arrepios, torpor, suor frio nas mãos e nos pés, náuseas, surdez parcial etc.

para dar conselhos e abençoá-las. Os mestres, como são geralmente entidades mais próximas do nosso dia a dia, se manifestavam e assumiam uma personalidade divertida, riam bastante, falavam alto, soltavam gracejos (sotaques) e também davam aconselhamento e passe (limpeza espiritual) nos visitantes que queiram e nos filhos de santo que não estão incorporados. Adoravam soltar gracejos para as mulheres, como elogios e até pedidos de casamento.

Sempre que terminava uma sequência de cantigas para determinada Linha de entidades, os ilus tocavam mais apressadamente e mais forte para que as entidades que ainda ficaram ou aquelas que vieram, mas não incorporaram em ninguém, subissem (se desincorporassem dos médiuns que as receberam) e as próximas entidades a serem reverenciadas pelos cânticos pudessem vir e se manifestar.

Nessa hora, as entidades que iam subir se posicionavam de joelhos em frente ao altar da Jurema ou da mãe de santo que, com o auxílio dos filhos que não estavam incorporados, seguravam o manifestado pelo braço, para que ele não caísse na hora de a entidade subir, pois, nessa hora, geralmente, o médium ficava estremecendo muito fortemente. Eles o ajudavam a se levantar ou a se sentar se estivesse muito cansado ou se fosse idoso.

Após a entidade desincorporar, o médium que estava manifestado ficava suado, ofegante e meio desorientado, pelo fato de algumas entidades dançarem, pularem ou correrem muito.

O último grupo de entidades, de acordo com a sequência que se cantava e se incorporava, era dos mestres. Quando eles subiam, as filhas e os filhos de santo voltavam para a gira, que naquele momento se fazia no sentido horário, para que se cantasse o cântico que fecha a Jurema (encerra a cerimônia). Terminada a corima, a Jurema estava fechada e o pai de santo perguntava, em voz alta, três vezes: "Quem pode mais do que Deus?", ao que as filhas e os filhos de santo respondiam: "Ninguém". Os mais novos pediam a benção aos mais velhos, e os que eram feitos[5] tomavam a benção uns aos outros. Seguiam-se os avisos feitos pelo pai de Santo e as filhas e os filhos foram fazer a limpeza do salão.

---

5   Diz-se *feito* o indivíduo que já passou pelos rituais de iniciação e feitura de Jurema, adquirindo o grau de juremeiro(a).

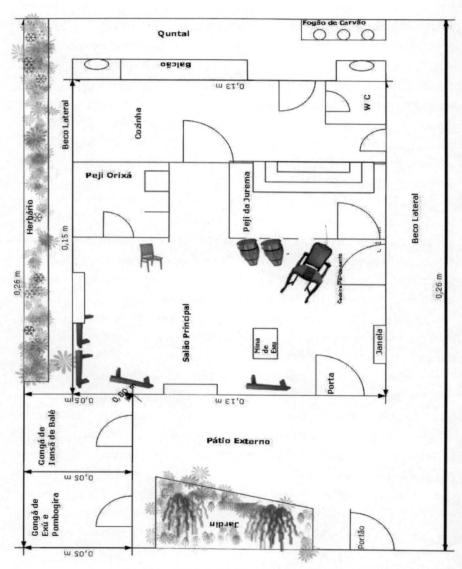

Planta baixa do *Templo de Umbanda Caboclo José de Andrade*, da ialorixá Mãe Rita Preta, Santa Rita, PB

A comunidade escolhida, neste livro, para a descrição etnográfica é um grupo de pessoas praticantes da religião Jurema e Umbanda do *Templo Caboclo José de Andrade*, de Santa Rita, PB. Esse grupo é composto de 21 pessoas que participam ativamente dos rituais. Segue um quadro que apresenta o perfil do grupo pesquisado.

Gênero	%	Etnia	%
Feminino	60%	Negros/Pardos	99%
Masculino	30%	Brancos	1%
Faixa etária	**%**	**Escolaridade**	**%**
10 a 19 anos	30%	Ens. Fund. incompleto/ analfabeto(a)	87%
20 a 29 anos	7%	Ens. Fund. completo	5%
30 a 39 anos	10%	Ens. Médio incompleto	1%
40 a 49 anos	30%	Ens. Médio completo	5%
50 a 59 anos	49%	Ens. Superior completo	1%
acima de 80 anos	1%	Pós-graduação incompleta (mestrado)	1%

Fonte: *Templo de Umbanda Caboclo José de Andrade*, com base em entrevistas realizadas com as filhas e os filhos de santo da casa, feitas pelo autor no dia 26 de outubro de 2008, sem o uso de questionário escrito.

Descrição litúrgica do culto da Jurema de Chão (Jurema Preta)

No dia 6 de novembro de 2008, cheguei ao *Templo de Umbanda Caboclo José de Andrade*. Como já havia sido avisado de que o culto teria início às 18h, esforcei-me para chegar às 16h40, para poder organizar melhor meu material de trabalho (máquina fotográfica, MP4, caderno de anotações e caneta).

Quando cheguei, já se encontravam no terreiro a mãe de santo, três filhas e dois filhos de santo, que já estavam terminando de organizar o salão da Jurema para o início da gira. Todos estavam bastante concentrados em suas atividades, mas também eram muito receptivos.

No salão, estavam organizados em forma de círculo: cachimbos, recipientes plásticos com fumo de rolo a granel, caixas de fósforo, velas brancas em maços, charutos e cigarros. Dentro da sala da Jurema, havia bebidas alcoólicas como Cachaças Jureminha, São Paulo, vinhos tintos, como Padre Cícero e Carreteiro, e Catuaba. Havia também um turíbulo, feito com lata de leite, repleto de carvão em brasa e várias ervas secas utilizadas na Jurema aguardando o momento certo para serem lançadas ao carvão, com o intuito de defumar o local e as pessoas presentes.

Pouco a pouco foram chegando outros filhas e filhos de santo da casa, formando um total de 13 pessoas: seis homens, seis mulheres e a mãe de santo. À chegada de cada pessoa, repetia-se o ritual de saudação aos assentamentos fora da casa, à mina de Exu, ao peji, à Jurema e, em seguida, a tomada de bênção à mãe de santo. Saudavam as irmãs e os irmãos de santo e, por fim, cumprimentavam os visitantes. A indumentária utilizada era a mesma usada na gira da Jurema Batida: roupas brancas e/ou tecidos de chita; na cabeça, as mulheres usavam laços e os homens barretes.

Os iniciados na Jurema usavam contas variadas no pescoço, geralmente com pingentes de cruz, dentes de animais pendurados, figas, sementes grandes e pequenas, entre outros elementos. As filhas e filhos iam ao quarto da Jurema e acendiam uma vela, rezavam em silêncio, voltavam para o salão e sentavam-se em círculo, de olhos fechados.

A mãe de santo perguntou as horas a uma filha, que respondeu "são 18h09". Ela, então, afirmou que estava na hora de começar e que quem não viera era porque não quisera ou não pudera, mas lembrou que todos sabiam. A mãe de santo pediu a todos os filhos e filhas que se concentrassem em seus guias espirituais e começou a cantar a abertura da Jurema.

As filhas e filhos respondiam às estrofes dos cânticos. Logo a mãe-pequena da casa começou a defumar todos os presentes, que ficavam de pé e abriam os braços e as pernas. A mãe-pequena passava o turíbulo por baixo dos braços e das pernas de cada filho, que, depois, virava-se para que ela o defumasse pelas costas.

Defumados todos os presentes, incluindo os visitantes, ela defumou os quatro cantos do terreiro cantando a corima:[6]

> Defuma com as ervas da Jurema.
>
> Defuma com arruda e guiné.
>
> Defuma com alecrim e alfazema.
>
> Vamos defumar filhos de fé.
>
> Defuma eu, mamãe,
>
> defuma eu, papai

Após a defumação, a mãe de santo começou a cantar para os caboclos, caboclinhas de pena, pretas e pretos-velhos e para os mestres de esquerda.[7] As filhas e filhos permaneceram sentados no chão até o fim. O salão ficava iluminado apenas por velas, já que as portas e janelas mantiveram-se fechadas durante a gira. A Jurema de Chão, geralmente, ocorre sem a presença de instrumentos musicais, apenas com o canto e, por vezes, com palmas repetidas ou, quando muito, com o auxílio de uma maraca. No transcurso da Jurema, 10 dos 12 participantes se irradiaram em diversos momentos e receberam suas entidades. Alguns incorporaram caboclo, caboclinha, preto-velho e mestre, respectivamente, o que os deixavam visivelmente cansados e transpirando muito.

Quando da chegada dos caboclos, pretas e pretos-velhos e mestres, todas as entidades fumaram cachimbo ou cigarro, dependendo da preferência de cada uma, e beberam vinho e/ou cachaça. Durante toda a sessão, o salão ficou repleto de fumaça. As caboclinhas de pena pediram apenas mel por meio de gestos com as mãos, estendendo-as em direção à mãe de santo e lambendo-as. Esta logo atendia aos pedidos, sempre avisando às

6   Domínio público.
7   Diz-se mestres de esquerda aqueles que trabalham utilizando elementos concretos como cachimbos, ingerindo ou utilizando, sem ingerir, bebidas alcoólicas e que trabalham para toda a sorte de fins, enquanto os ditos mestres da direita são aqueles que só se manifestam na Jurema de Mesa. Seus trabalhos são feitos, geralmente, para a cura espiritual, a limpeza espiritual e o aconselhamento.

APÊNDICE

ACIMA: Abertura do ritual de Jurema.
Foto: Cleyton Ferrer (2008).

ABAIXO: Sessão de Jurema no bairro da Torrelândia, João Pessoa, PB, em 1938.
Foto: Luiz Saia. Fonte: http://www.sescsp.org.br/sesc/hotsites/missao/cd05_frameset.html

entidades que não maltratassem suas matérias, nem as deixassem embriagadas. Elas comprometiam-se a fazê-lo.[8]

Os momentos de transe mediúnico aconteceram de forma súbita. Os médiuns, mesmo em transe, permaneceram sentados, cantando, fumando e bebendo. Alguns chegaram a dar consulta aos visitantes (havia três visitantes, eu e duas mulheres que acompanhavam uma filha de santo da casa). Na hora das entidades subirem, a mãe de santo cantou as corimas e colocou a mão direita no ombro do médium, o qual se sacudiu fortemente até a entidade subir. Nesse momento, a mãe-pequena e outros médiuns que não estavam em transe se aproximaram do médium incorporado e deram-lhe suporte físico e assistência, abanando-o com um pedaço de tecido branco. Para a subida dos mestres, a mãe de santo entoou as seguintes corimas:[9]

> A Jurema me chama
> eu já me vou
> os mestres vai e eu não vou...
> Os mestres vão embora
> pra cidade da Jurema
> meu bom Jesus já lhe chamou
> pra cidade da Jurema
> mas ele vai ser coroado
> na cidade da Jurema
> com a coroa de Arerê...

Por fim, a mãe de santo cantou uma corima fechando a Jurema e perguntou, em voz alta, três vezes: "Quem pode mais do que Deus?", ao que as filhas e os filhos responderam: "Ninguém!". Então, todos os presentes rezaram um Pai-Nosso e fizeram o sinal da cruz. A mãe de santo disse a data da Mesa Branca (16 de novembro de 2008, às 17h). As filhas e filhos fizeram a limpeza do salão.

8 Em algumas casas de Jurema, a gira é subdividida em Jurema Preta ou de Esquerda (de Chão) e Jurema Branca ou de Direita (de Mesa). Todas as modalidades envolvem espíritos evoluídos ou em processo de evolução.
9 Domínio público.

Descrição litúrgica do culto Mesa Branca (Jurema Branca)

No dia 16 de novembro de 2008, como havia sido avisado por Mãe Rita Preta dez dias antes, quando da Jurema de Chão, seria o dia da Mesa Branca. A previsão era para as 17h, então, cheguei ao *Terreiro Caboclo José de Andrade* às 16h50, quase atrasado para o início dos trabalhos espirituais.

Ao chegar, pude observar que já estava tudo preparado para o ritual litúrgico. Infelizmente, não pude acompanhar o processo de organização do espaço. Detive-me, então, a observar cuidadosamente todos os detalhes anteriores e posteriores à gira. A mãe de santo me informou de que havia preparado, um dia antes, uma bacia grande de plástico com ervas sagradas. O "banho dormido", como Mãe Rita Preta denominava, servia para que as filhas e os filhos de santo tomassem um banho de cabeça e, sem se secar, colocassem suas batas com saia para as mulheres e calça com camisa de botões para os homens, para que todos pudessem ir "limpos" para a Mesa Branca. Ela ressaltou que não era permitida a prática de sexo três dias antes e três dias após o culto da Mesa Branca. Também deve haver abstinência de bebida alcoólica e tabagismo.

Eram 17h05. Estavam sentados à mesa cinco mulheres, três homens e a mãe de santo. Era uma mesa quadrada, com aproximadamente 2,5 metros de comprimento, forrada com uma toalha branca de renda cearense; havia um tamborete para cada pessoa. Posicionaram-se quatro pessoas de um lado, quatro do outro e a mãe de santo numa das cabeceiras. Em cima da mesa havia três castiçais com duas velas cada um, sendo um com três velas. As velas eram brancas. Havia também um vaso com seis rosas brancas e um copo com outras duas imersas na água. O terreiro estava bastante iluminado e cheirando a rosas e incenso de mirra. Chovia muito nesse dia.

Nenhum dos médiuns presentes usava relógio, pulseiras ou brincos, diferentemente do que ocorria em outros cultos, como os da Jurema de Chão e os da Jurema Batida.

No início, a mãe de santo pediu concentração, que todos fechassem os olhos e pensassem apenas em Deus. Reclamou a ausência de outros filhos, alegando que nem todos gostam da Mesa Branca. Afirmou que gostava muito, devido ao fato de ter vindo do Espiritismo, e que nunca abandonaria a Mesa Branca, pois é ali o lugar certo para doutrinar os espíritos e trazê-los para a luz.

Em seguida, o pai-pequeno da casa — Pai Cláudio — pegou o livro de preces espíritas e começou a ler algumas, enquanto Mãe Rita caminhava ao redor da mesa. Ela colocou a mão direita nas costas de cada um dos filhos, fazendo preces em voz baixa. Em poucos minutos, todos os médiuns estavam incorporados, exceto Mãe Rita Preta. As entidades falavam diversos idiomas, todas ao mesmo tempo. Era praticamente impossível compreender qualquer comunicação.

Estando em transe, os médiuns permaneceram de olhos fechados, com as duas mãos sobre a mesa. Alguns chegaram a receber mais de uma entidade, que se alternavam nas possessões de forma muito rápida. Essa mudança só era perceptível devido ao timbre de voz dos médiuns.

A mãe de santo informou aos visitantes que, se quisessem "tomar passes" dos irmãos incorporados, tirassem os calçados e se aproximassem do

Mesa Branca de Jurema no *Templo de Umbanda Caboclo José de Andrade*, Santa Rita, PB, na década de 1960 (Mãe Rita Preta, de pé, na extremidade da mesa, entre as filhas e filhos de santo).
Foto: Acervo da ONG Encumbe.

pai-pequeno da casa. Os visitantes eram eu e uma amiga que me acompanhou. Tiramos os calçados e fomos até Pai Cláudio. O irmão[10] que estava incorporado no corpo dele segurou em nossos pulsos, estalou nossos dedos, passou rapidamente a mão em nossos braços — primeiro em mim, depois em minha amiga — e pernas. Então, estalou os dedos e fez um gesto para que nos virássemos. E assim o fizemos. Ele fez o mesmo em nossas costas, estalou os dedos e nos dispensou.

Antes de encerrar a sessão, Mãe Rita Preta aproximou-se de cada médium e disse: "Vá para a Seara com meu irmão". Depois, colocou a mão direita sobre a mesa, batendo nela suavemente com os dedos. Logo os irmãos subiram e, ao acordar do transe, os médiuns ficaram desorientados e pouco suados, visto que não tinha havido esforço físico.

A sessão demorou cerca de uma hora e meia, sendo encerrada às 18h35. Trata-se do menor espaço de tempo a ser realizado em um ritual de Jurema registrado por mim. Ao perguntar a Mãe Rita Preta sobre a duração da Mesa Branca, ela relatou que o tempo é sempre curto e que aquele era seu culto preferido.

No final, todos rezaram um Pai-Nosso e fizeram o sinal da cruz. Dispersaram-se aos poucos. Não houve avisos, nem foi necessária a limpeza do terreiro, já que tudo estava limpo. Mãe Rita Preta alertou que não admitia ninguém fumando no terreiro dela, a não ser os espíritos, nem homens de bermuda ou mulheres com roupas curtas. Também não deixava entrar ninguém com sinais de embriaguez e não aconselhava vestir-se de preto nos dias de culto.

---

10   Nas mesas de Jurema, chamam-se as entidades de irmãos(ãs).